前　言

农业是国民经济的基础，是国民经济中最基本的物质生产部门，是人类社会的衣食之源，生存之本；农业是工业等其他物质生产部门与一切非物质生产部门存在和发展的必要条件；农业是支撑整个国民经济不断发展与进步的保障。农业关系到人民的切身利益，社会的安定和整个国民经济的稳定发展，也关系到我国在国际竞争中能否保持独立自主的地位。为了保护、鼓励农业的发展，调整农业经济关系，保护农民利益，保障农业持续、稳定、协调发展，国家制定了相应的农业政策和法律法规，本书将最新的农业政策与法律法规进行了汇编。

本书共包含上下两篇十二章内容。上篇农业政策篇主要介绍了乡村振兴政策、农业生产经营体制政策、农业土地政策、农业生产与结构政策、农村人力资源政策、农业科技推广政策、农业财政金融政策、农产品流通政策、农产品质量安全政策、农业资源和环境保护政策；下篇农业法律法规篇主要对农业法律、农业农村行政法规进行了汇编。

在本书编写过程中，我们参考了大量的相关文献资料，在此对相关专家学者表示诚挚的谢意，同时感谢"水发农校"全力参与本书的编写工作。此外，限于时间和水平等因素，书中难免有不详或疏漏之处，敬请广大读者批评指正，以便我们不断改进和提高。

编者
2022 年 9 月

目　录

第一章　乡村振兴政策 (1)
第一节　政策提出背景 (1)
第二节　政策目标与措施 (3)
第三节　乡村振兴之"三农"政策 (12)

第二章　农业生产经营制度及政策 (26)
第一节　农业生产经营体制的沿革 (26)
第二节　农业家庭经营政策 (29)
第三节　新型农业经营主体政策 (31)

第三章　农业土地政策 (39)
第一节　农业土地所有权政策 (39)
第二节　农业土地使用权政策 (41)
第三节　新时期农村土地制度 (47)

第四章　农业生产与经营结构政策 (54)
第一节　农业生产结构调整政策 (54)
第二节　农业经营结构政策 (59)

第五章　农村人力资源政策 (65)
第一节　农村劳动力就业政策 (65)
第二节　农业劳动力流转政策 (69)

第六章　农业科技推广政策 (73)
第一节　农业科技政策概述 (73)
第二节　乡村振兴发展的科技创新驱动政策 (76)
第三节　农业科技推广政策 (79)

第七章　农业财政金融政策 (83)
第一节　农业财政政策 (83)
第二节　农业金融政策 (85)
第三节　农业保险政策 (89)

第八章　农产品流通政策 (93)
第一节　农产品流通政策 (93)
第二节　农产品国内价格政策 (95)
第三节　农产品国际贸易政策 (100)

第九章　农产品质量安全政策 (107)
　　第一节　农产品质量安全政策目标 (107)
　　第二节　农产品质量安全政策手段 (108)
　　第三节　农业标准化生产管理政策手段 (113)

第十章　农业资源和环境保护政策 (116)
　　第一节　农业可持续发展背景与目标 (116)
　　第二节　农业环境保护政策 (119)
　　第三节　农业自然资源保护政策 (123)

第十一章　农业法律 (129)
　　第一节　中华人民共和国农业法 (129)
　　第二节　中华人民共和国乡村振兴促进法 (130)
　　第三节　农业农村土地相关法律 (132)
　　第四节　农业农村发展相关法律 (136)
　　第五节　环境与资源保护相关法律 (140)
　　第六节　农业安全相关的法律 (143)

第十二章　农业农村行政法规 (146)
　　第一节　农业土地相关法规 (146)
　　第二节　农业农村发展相关行政法规 (147)
　　第三节　农民权益保障相关法规 (148)
　　第四节　农业安全生产相关法规 (148)
　　第五节　可持续发展相关法规 (149)

参考文献 (150)

第一章 乡村振兴政策

第一节 政策提出背景

一、"三农"短板突出

农业问题的特殊性在于其不单单属于经济范畴，同时也会引发一系列社会问题和政治问题，越来越多的学者会对农业问题给予了高度关注。具体来看，"三农"短板突出体现在以下几个方面：第一，"农业边缘化"问题。在国民经济体系建设过程中，与第二产业、第三产业相比，农业在工业化和城市化中的作用相对较小，地位相对较低。农业产值增加速度远不及第二和第三产业。第二，农民兼业化现象已成常态，土地未转让亦未打理，越来越多的农村土地被搁置并"抛荒"。当前，城市化进程加快，大量农村青年劳动力离开农村到城市工作，许多农村青年甚至完全放弃了务农，农民兼业已成为大多数农民的选择。与第二和第三产业相比，农业的稳定性低，投入成本较大，收入相对较低，农业特殊性使得许多农民在现代化进程中由土地粗放经营转为直接"抛荒"土地。第三，农业生产过度追求数量，任由土地变贫瘠，造成极大环境的破坏。在农业生产中，使用大量的化肥农药，一味追求产量，造成如今严重的土地破坏和环境污染。第四，农业基础设施薄弱。边远地区的农业基础设施建设仍然滞后，农业仍处于简单生产状态，存在很大的脆弱性，这导致农民收入保障存在不确定性，不仅落后于农业现代化的发展步伐，还造成农业产出低、效率低、潜力小等问题。

农村问题已衍变成为经济发展滞后与生态环境恶化的突出问题，生态环境被破坏无疑是当下农村问题中最为棘手的一环。第一，农村产业发展滞后。从农村的产业结构来看，我国农村第一产业的主要问题是生产效率不高，尤其是贫困地区，仍在使用传统落后的生产方式，农村第二产业的生产工艺落后，农村第三产业发展更为滞后。总体而言，现代乡村产业体系尚未形成。第二，农村人口结构失衡。近年来"空心村"现象凸显，空巢老人和留守儿童的数量已经翻了一番。城市人口增加，农村人口减少，农村常住居民数量日益锐减。第三，农村生态环境问题堪忧。城镇化带来的农村生态环境问题日益突出。农村环境污染源不仅来自生活垃圾和工业生产排放，还来自农民在农牧业生产中的农业污染。农村生态环境问题对空气、水、土壤、人体健康以及农业和农村可持续发展带来显著的危害，这也有悖于绿色与可持续发展。

农民问题则是"三农"问题的重点，要确保农民收入的稳步增长和农民生活水平的逐步提高，与农村、农业携手并进，就必须解决以下问题。第一，农民打工难致富，贫富分化加剧。在市场化、工业化、城镇化的浪潮面前，农村一家一户为单位的家庭经营模式呈现高风险和低收入的状态。我国农村人口基数大，但与这一现状相反的是，农业增加值不仅较低,且增加速度缓慢,少数农民通过从事工业与服务业来实现收入的提高,现实状况是农民储蓄偏低,若突发疾病、意外事故仍会花掉农民的大部分储蓄,甚至举债。因此,农民打工是在其获得土地报酬之后增加收入的一种途径,虽然这在一定程度上会极大地促进农民生活水平提升或至少保持稳定,但是难以实现快速致富。第二,农民老龄化问题突出。目前,我国已进入人口老龄化快速发展阶段,在这种严峻形势下,随着21世纪城市的加速发展、工业和第三产业的繁荣,大量农村青壮年甚至农村中年劳动力离开农村,进城务工,仅将年长老人留在农村进行农业生产。当下的突出问题是仅剩"最后一辈的农民"在进行农业生产,在这之后农村将会陷入无人务农、无人会农的窘境。这一问题正是当下我国农业、农村、农民问题中亟待解决的一项重大课题。

二、我国城乡二元结构突出

长期以来,我国城乡二元结构问题突出。与城市相比,农村发展滞后、农业基础不稳、农民收入较低。随着改革开放和工业化、城市化的推进,大量农村青壮年劳动力逐年向城市转移,"空巢老人""空心村"的现象有增无减,农村人口老龄化严重,乡村凋敝的现象逐步显现。

随着我国的城市化和工业化水平的不断提高,农村基础设施建设和公共服务水平的不断提升,城乡之间的差距明显缩小。但是总体上我国城乡二元结构之间的问题并未完全解决,城乡基础服务并未均等化,城乡发展不平衡、不充分依旧是经济发展的短板。面对现阶段我国出现的新经济、新问题、新局面和新环境,要彻底化解城乡二元结构之间的矛盾,打破城乡此消彼长的局面,实现城乡的协调发展、共同繁荣,共同推进乡村振兴和新型城镇化的发展,对解决"三农"问题和城乡二元结构问题有着更为深刻的现实意义,更加符合中国经济发展的需求。

新型城镇化是以城乡统筹、城乡一体、产业互动、节约集约、生态宜居、和谐发展为特征的城镇化。城镇化的推进不仅仅是数量和规模的扩展,更是制度的创新,人居环境、福利保障等的提升,实现从农民到市民的真正转变,更加突出了以人为本的特点。城市化最大的特点是集聚和规模效益,它集人口、经济、文化、交通、信息、物流等于一体,实现经济的快速增长,产业升级,解决人口的就业问题。利用城市功能的辐射作用,可以带动周边农村地区的经济发展,完善公共基础设施服务,提高城市的承载能力和包容能力,解决城市带来的环境污染问题,提升城市的综合治理能力。所以可以将新型城镇化归结为和谐发展、高效集约、产业互动、低碳绿色、以人为本分别对应乡村振兴的生活富裕、治理有效、产业兴旺、生态宜居、乡风文明,新型城镇化与乡村振兴相辅相成、相互促进、相互融合。

三、"三农"是国之根本

实施乡村振兴战略,是开启全面建设社会主义现代化国家新征程的必然选择,党的十九大报告指出,"农业农村农民问题是关系国计民生的根本性问题,必须始终把解决好'三农'问题作为全党工作重中之重。"这是党的十九大报告对"三农"地位的总体判断,既有"重中之重"地位的再强调,又有"关系国计民生的根本性问题"的新定调。这表明"三农"作为国之根本,"三农"工作重中之重的地位依然没有变,特别是在新时期解决人民日益增长的美好生活需要和不平衡不充分发展之间的矛盾,实现决胜全面小康的大头、重点和难度都在"三农","三农"工作重中之重的地位不仅不能削弱,而且更要加强。实施乡村振兴战略是我国全面建成小康社会的关键环节,是实现中华民族伟大复兴中国梦的客观要求,也是我们党落实为人民服务这一根本宗旨的重要体现。

第二节 政策目标与措施

一、乡村振兴的政策目标

(一)总目标:农业农村现代化

农业农村现代化既不是农业现代化的简单延伸,也不是农业现代化和农村现代化的简单相加。农业农村现代化是农业发展现代化、农村生态现代化、农村文化现代化、乡村治理现代化和农民生活现代化的有机统一。

农业现代化是从传统农业向具有世界先进水平的现代农业的转变过程,是用现代物质条件装备农业,用现代科学技术赋能农业,用现代产业体系提升农业,用现代经营形式改造农业,用现代发展理念引领农业,用培育新型农民支撑农业,提高土地产出率、资源利用率和农业劳动生产率,提高农业质量效益和竞争力的过程。农业现代化是农业作为产业现代化的一般性和农业特殊性的有机结合,要求统筹体现产业现代化的本质特征和农业作为特殊性产业对农业现代化的影响。

农村现代化是与城市现代化相对应的区域现代化概念。要结合推进农业现代化,加快农业发展方式转变,推进农村三次产业融合发展,培育产业融合、带动城乡融合发展、促进构建农村现代化新格局。

(二)"二十字"总要求

1. 产业兴旺

产业兴旺是解决农村一切问题的前提。只有产业兴旺了,农民才能有好的就业、高收入,农村才有生机和活力,乡村振兴才有强大的物质基础。推进产业兴旺,要紧紧围绕促进产业发展,构建彰显地域特色、体现乡村气息、承载乡村价值、适应现代需要的现代乡村产业体系,让农业经营有效益,真正成为有奔头、有前途的产业。

(1)构建农业体系。实现乡村振兴,提高农民的农业经营收入,增强农业在国际上和国内不同部门之间的竞争力,离不开强有力的农业体系。这就要求以现代农业产业体系、生产体系建设来提升农业生产力水平和生产效率,以经营体系建设来创新农业资源组织方式和经营模式。构建强有力的农业体系,需要在协调推进现代产业体系、生产体系、经营体系建设的同时,进一步完善农业支持保护制度,大力培育专业大户、家庭农场、农民合作社、农业企业等新型农业经营主体,积极发展多种形式的适度规模经营,逐步健全农业社会化服务体系,加快实现小农户和现代农业的有机衔接。

（2）延长农业产业链。农业产业链也就是农业产品产业链，是指农产品从原料、加工、生产到销售等各个环节的关联。延长农业产业链是指把原本农业侧重农产品生产的方向，一方面向上游原料供应、科技服务等方面拓展，另一方面向农产品加工、销售等环节延伸。

（3）实现小农户与现代农业发展有机衔接。从小农户的现状出发，围绕农业转型升级，创新小农户和现代农业发展的衔接机制，把传统小农生产引入现代农业发展的轨道，一是基于收益共享、风险共担的原则，加快小农户的横向联合；二是基于风险—收益相匹配原则，促进各类经营主体与小农户纵向合作；三是基于互惠互利、共生共融理念，推动各类服务主体与小农户紧密协作。

（4）发展农业农村服务业。一是发展农业生产性服务业。农业生产性服务业也称为农业服务业、面向农业的生产性服务业，作为现代农业产业体系的重要组成部分，其主要是通过提供农业生产性服务为农业提供中间投入，为科技、信息、资金、人才等有效植入农业产业链的信息提供途径，为提高农业作业效率和农业产业链的协调性、促进农产品供求衔接、提升农业价值提供支撑。二是发展农村生活性服务业。随着农村居民收入水平的提高和农村人口日益老龄化，农村休闲养老、农村婚丧嫁娶、农村快递等针对农村居民的农村社会性服务业发展日趋重要。

2. 生态宜居

"生态宜居"是乡村振兴的内在要求。生态环境是农村最大优势和宝贵财富，现在不少城里人之所以向往农村，就是因为在这里可以感受到山清水秀、天蓝地绿、村美人和，可以怀念乡愁的味道。实现生态宜居，要牢固树立和践行"绿水青山就是金山银山"理念，加快推行乡村绿色发展方式和生活方式，不断增加农业生态产品和服务供给，让良好生态成为永不枯萎的"摇钱树"。

（1）自然资本和绿色发展。绿色发展是指在生态环境容量和农业资源承载力的制约下，实现农业可持续发展的新型农业发展模式。自然资本不仅包括为人类所利用的资源，如水资源、矿物、木材等，还包括森林、草原、沼泽等生态系统及生物多样性。生态宜居的实现，离不开农业绿色发展；农业绿色发展的实现，离不开自然资本的支撑。充分发挥自然资本的功能性和服务性，牢固树立自然资本理念，依托农业绿色发展实现生态宜居，助推乡村振兴战略。

（2）统筹山水林田湖草系统治理。生态是统一的自然系统，是各种自然要素相互依存而实现循环的自然链条。要按照自然生态的整体性、系统性及其内在规律，统筹考虑自然生态各要素如山上山下、地上地下、陆地海洋、流域上下游，进行系统保护、宏观管控、综合治理，增强生态系统循环能力，维护生态平衡。

（3）农村环境污染问题综合治理。当前农村突出问题主要是农业面源污染问题、土壤污染问题、农村厕所粪污问题以及农村生活污染问题等四个方面。生态宜居的实现，需要对农村突出环境问题进行综合治理，转变对农村环境"脏、乱、差"的传统印象，以满足人民对美好生活的诉求。

（4）生态补偿和生态产品供给。生态补偿是以保护和可持续利用生态系统服务为目的，以经济手段为主，调节相关者的利益关系，促进补偿活动，调动生态保护积性的各种规则、激励和协调的制度安排。

狭义的生态补偿是指对由人类的社会经济活动给生态系统和自然资源造成的破坏及对环境造成污染的补偿、恢复、综合治理等一系列活动的总称。广义的生态补偿则还应包括对因环境保护而丧失发展机会的区域内居民进行的资金、技术、实物的补偿，政策上的优惠，以及为增进环境保护意见，提高环境保护水平而进行的科研、教育费用的支出。

3. 乡风文明

"乡风文明"是乡村振兴的紧迫任务。乡村振兴，既要塑形，更要铸魂；既要看农民口袋里票子有多少，更要看农民精神风貌怎么样。物质变精神、精神变物质，坚持物质文明和精神文明一起抓，大力推进新时代文明实践中心建设，因地制宜推进移风易俗，保护和传承农村优秀传统文化，培育文明乡风、良好家风、淳朴民风，不断改善农民精神风貌，提高乡村社会文明程度。

（1）乡风、家风、民风与乡风文明。乡风是指长期依托某农村区域形成的一种共有的区域特色、思维方式以及历史文化传统的乡村文化。家风是指一个家庭在长期发展过程中遵从优良传统、吸纳优秀文化而形成的，指导家庭成员做人做事的价值观念和行为准则。因此，我们更应以好家风涵养民风，让好家风促乡风文明。

（2）道德建设、公共文化建设与乡风文明。乡风文明表现为农民在思想观念、道德规范、知识水平、素质修养、行为操守，以及人与人、人与社会、人与自然的关系等方面继承和发扬民族文化的优良传统，摒弃传统文化中消极落后的因素，适应经济社会发展，不断创新，并积极吸收城市文化乃至其他民族文化中的积极因素，以形成积极、健康、向上的社会风气和精神风貌

（3）优秀传统文化与乡风文明。乡风文明的本质是弘扬社会主义先进文化，保护和传承中华优秀传统乡土文化。乡村振兴，乡风文明是保障。要不断提升农民的思想道德素质和科学文化素质，提振精神风貌；不断提高乡村社会文明程度，着力培育文明乡风、良好家风、淳朴民风。立足乡村文明建设，弘扬传统民俗，丰富传统节日文化，树立文化自信；立足传统工艺振兴，推进传统文化创造性转化、创新性发展，带动农村变美、农民致富。

（4）建立促进乡风文明的体制机制。农村乡风文明体制机制的建设是一项系统工程，工作千头万绪，涉及方方面面。针对中国现阶段农村乡风文明体制机制建设中可能存在的问题，借鉴发达国家乡风文明体制机制建设的成功经验，建设生产发展、生活宽裕、乡风文明、村容整洁、生态良好、人与自然和谐相处的社会主义新农村。社会主义新农村建设必须建立和完善管理体制，加强组织领导和统筹协调，形成齐抓共建的工作格局；必须建立和完善工作机制，加大指导和考核力度，化虚为实、大处着眼、小处着手，实现工作的有力有效推进。

4. 治理有效

"治理有效"是乡村振兴的重要保障。我党是以农村包围城市取得革命胜利的，今天，乡村治理仍然事关党的执政基础、事关国家治理体系和治理能力现代化。因此必须把夯实基层基础作为固本之策，强化农村基层党组织的领导作用，健全自治、法治、

德治相结合的乡村治理体系,确保乡村社会充满活力、和谐有序。

建设现代乡村社会治理体制。"政府引领"式乡村治理机制是发展和完善中国特色社会主义制度的基本要求,也是深入推进国家治理现代化的重要着力点。"社会参与"式乡村治理机制的目标是实现多方参与、解决治理效率偏低和"谁来治理"的难题,是实现国家治理现代化最终目标的重要着力点。"制度保障"式乡村治理机制的目标是以依托制度文件的方式对参与主体的行为进行规范,为实现乡村治理有效目标从制度层面提供了保障,也是实现国家治理现代化最终目标的重要着力点。

"三治"视角下的乡村治理。实现自治、法治、德治结合的"三治",是实现乡村治理的重要思想性创新。依托"三治"实现治理有效,理应是健全乡村治理体系的重要路径选择。自治是健全乡村治理体系的核心要义。乡村治理极其复杂,一方面是因为治理主体的多元性,另一方面是治理内容的复杂性。法治是健全乡村治理体系的应有之义,法治是国家治理的根本,也是实现乡村治理有效的重要制度保障。德治是健全乡村治理体系的扬善之义,"国无德不兴,人无德不立。"德润人心,以德治国一直是中国的治国方略。

基层党组织建设与乡村治理。农村基层党组织作为党在农村工作的执政之基,是最能接触到人民群众的末梢是乡村基层组织,它肩负着乡村振兴的使命,是党联系广大人民群众,带领人民群众打赢"三农"攻坚克难战,夺取全面建成小康社会的排头兵。因此,实现乡村社会的稳定,做到乡村治理有效,就需要充分发挥农村基层党组织的战斗堡垒作用和党员干部的先锋模范作用,为深化农业农村改革、推进社会主义现代化进程和实现乡村振兴战略提供保障。

5. 生活富裕

生活富裕是实施乡村振兴战略的最终目标。生活富裕不仅包括了人民对物质方面的满足,也包含了人民群众对精神文化方面的追求。实施乡村振兴战略,是实现全体人民共同富裕的必然要求,要始终解决好农民最在意、最强烈、最直接的利益问题,抓重点、补短板、强弱项,完善乡村建设,构建美丽新家园。

拓宽农民增收渠道。拓宽农民增收渠道,提高农村民生保障水平,一是以产业扶贫的方式,建立龙头企业、经营大户与贫困户的帮扶对接机制;二是壮大农村集体经济,盘活农村集体资产;三是加大力度实施新型农业经营主体培育工程,培育壮大新型农业经营主体,发展多种形式的适度规模经营;四是有效利用互联网电商平台,推广订单农业;五是推动农村三次产业融合发展,构建农村三次产业融合发展的现代农业产业体系。

加快农村社会保障体系建设。农村社会保障体系是政府部门为了能和城镇社会保障制度配套,在农村地区为农民提供社会养老保险、新型医疗合作、社会救济、社会福利、优抚安置等多种民生措施的总和。中国农村的社会保障实践是中国社会保障体系和制度建设过程中的薄弱环节,既严重影响到农村的和谐稳定,又影响到农村的长远发展。完善的农村社会保障体系不仅有利于实现社会公平,同时也有利于农村社会和谐发展,对于保证农村地区的社会稳定、留住人才、促进乡村经济发展都具有重要意义。

推动农村基础设施建设提档升级。完善农村基础设施建设是农村各项事业发展的基础，也是农村经济系统的一个重要组成部分，只有与农村经济发展相协调，才能更好地发挥其积极作用。推动农村基础设施建设的提档升级，对于农民增收大有裨益。完善基础设施建设是乡村振兴的保障，因而在农村实施民生、民心工程，支持乡村基础设施建设，可有效改善农民群众生产、生活条件。

优先发展农村教育事业。优先发展农村教育事业任重道远。针对目前存在的问题，应积极采取有效措施加以解决，以便更好地推动农村教育快速发展。农村教育发展滞后的根源是生产力水平相对落后，农民的经济水平不高，农村教育事业缺乏资金保障。通过拓宽增产渠道来增加农民的经济收入和地方政府收入，带动农村相关产业发展，让地方政府有充足的资金加大对教育的投入。农村在抓好基础教育的同时，要重视农民职业技术教育和成人教育，全面提高农村人口素质，调整农村教育结构，提高农村教育质量。

二、乡村振兴的措施

（一）产业振兴的实现路径

1. 培育发展乡村产业

一是做大农村种养殖业。进一步创新农村产业的组织形式，促进当地种养殖业朝规模化与品牌化方向发展。进一步延伸与拓展农业产业链，提高绿色优质农产品的供给数量，持续提升质量效益以及市场竞争力。

二是打造乡土特色产业品牌。开发多元化特色种养殖产业，推动各地农产品品种资源的保护及开发。强化特色化农产品品牌创建，落实好现代特色化农产品基地创建工作。

三是提升农村休闲旅游产业。落实好现代休闲农业旅游体系建设，建设一批设施设备先进、功能全面的现代休闲园区和康养疗养基地，打造一大批美丽乡村、休闲旅游重点村。

四是建设新型服务产业。全力支持供销、邮政及合作社等机构建设农资管理、代耕代种及烘干收储等形式的现代农业服务产业。全面改造现代农村传统店铺与集市，开发农村现代生活服务产业体系。

五是推动农村信息化产业发展。进一步发展"互联网+"农业体系。要持续推动重点农产品大数据建设进程，进一步加快信息化进村入户进程。持续促进我国农村电商服务网点与物流园区取得进一步发展。

2. 规范农村产业空间结构

一是落实县域统筹机制。在县域范围内，全面统筹考虑城乡之间产业协同发展，科学规划好当地乡村的产业布局，建立县城—中心镇—中心村等层级分工显著、功能有机统一的局面，落实城镇各类基础设施与公共服务向乡村延伸。

二是实现镇域产业的合理归集。发挥乡镇上接县、下连村的重要价值，推动有条件的地方创建以乡镇所在地为支撑点的现代农业产业集群。

三是推动欠发达地区农业产业发展。加大资金、技术及人才等方面的投入，切实巩固与拓展产业扶贫工作成果。

3. 形成农村产业合力

一是形成多元化融合型主体。大力支持我国农业产业化龙头企业实现新的发展，指导其朝粮食主产区及特色化农产品优势区集聚。实施好家庭农场扶持规划，推动农村合作社的规范与提升工作。大力支持农业龙头企业、合作社及家庭农场发展，促进其形成现代农村产业联盟。

二是形成多元化融合型业态。通过跨界配置乡村产业发展要素，实现相关产业的深度化融合，进而产生"农业+"的多种业态发展新趋势。积极促进规模化种植和林、牧、渔等产业融合，致力于发展稻渔协同、林下种植等产业。

三是创建乡村产业结合新载体。以县域资源为基础，强化主导型产业创建，打造一大批乡村产业园区，建设一大批农村产业强镇，建设多个主体参与其中、多个要素共同聚集、多种业态协同发展的新局面。

四是形成利益共享体系。积极指导农业类企业和小农户之间创建契约型与股权型等紧密协作模式，将利益分配的重点朝产业链的上游倾斜，推动农民群众实现持续增收。健全现代农业股份企业的利润分配体系，积极推广"订单+分红""农民群众入股+保底效益+分红"等新型利益共享方式。

（二）人才振兴的实现路径

1. 明确加快培养人才队伍

第一，要加快培养农业生产经营人才，包括新型农业经营主体培养、农村实用人才带头人培养，家庭农场经营者、农民合作社带头人培养，鼓励农民工、高校毕业生、退役军人、科技人员、农村实用人才等创办家庭农场、农民合作社等。

第二，加快培养农村第二、第三产业发展人才，包括培育农村创业创新带头人、加强农村电商人才培育、培育乡村工匠、打造农民工劳务输出品牌。

第三，加快培养乡村公共服务人才，包括加强乡村教师队伍建设、加强乡村卫生健康人才队伍建设、加强乡村文化旅游体育人才队伍建设、加强乡村规划建设人才队伍建设。

第四，加快培养乡村治理人才，包括加强乡镇党政人才队伍建设、推动村党组织带头人队伍整体优化提升、实施"一村一名大学生"培育计划、加强农村社会工作人才队伍建设、加强农村经营管理人才队伍建设、加强农村法律人才队伍建设等。

第五，加快培养农业农村科技人才，包括培养农业农村高科技领军人才、培养农业农村科技创新人才、培养农业农村科技推广人才、发展壮大科技特派员队伍等。

2. 明确各类培训主体作用

第一，要完善高等教育人才培养体系。全面加强涉农高校耕读教育，将耕读教育相关课程作为涉农专业学生必修课。引导综合性高校拓宽农业传统学科专业边界，增设涉农学科专业。加强乡村振兴发展研究院建设，加大涉农专业招生支持力度。加强农林高校网络培训教育资源共享，打造实用精品培训课程体系。

第二，加快发展面向农村的职业教育。加强农村职业院校基础能力建设，优先支持高水平农业高职院校开展本科层次职业教育，采取校企合作、政府划拨、整合资源等方式建设一批实习实训基地，支持职业院校加强涉农专业建设、开发技术研发平台、开设特色工艺班，培养基层急需的专业技术人才。

第三，支持企业参与乡村人才培养。引导农业企业依托原料基地、产业园区等建设实训基地，推动和培训农民应用新技术。鼓励农业企业依托信息、科技、品牌、资金等优势，带动农民创办家庭农场、农民合作社，打造乡村人才孵化基地。支持农业企业联合科研院所、高等学校建设产学研协同创新基地，培育科技创新人才。

3. 明确乡村体制机制和保障措施

第一，要建立健全乡村人才振兴体制机制，包括健全农村工作干部培养锻炼制度、完善乡村人才培养制度、建立各类人才定期服务乡村制度、健全鼓励人才向艰苦地区和基层一线流动激励制度、建立县域专业人才统筹使用制度、完善乡村高技能人才职业技能等级制度、建立健全乡村人才分级分类评价体系、提高乡村人才服务保障能力等。

第二，要认真落实乡村人才振兴的各项保障措施。一是加强组织领导。各级党委要将乡村人才振兴作为实施乡村振兴战略的重要任务，建立党委统一领导、组织部门指导、党委农村工作部门统筹协调、相关部门分工负责的乡村人才振兴工作联席会议制度。二是强化政策保障。加强乡村人才振兴投入保障，支持涉农企业加大乡村人力资本开发投入。三是搭建乡村引才聚才平台。加强现代农业产业园、农业科技园区、农村创业创新园区等平台建设，完善科技成果转化、人才奖补等政策，引进高层次人才和急需紧缺专业人才。四是制定乡村人才专项规划。探索建立乡村人才信息库和需求目录。五是营造良好环境。完善扶持乡村产业发展的政策体系，建好农村基础设施和公共服务设施，吸引城乡人才扎根于农村。

（三）文化振兴的实现路径

1. 立足自身文化特质，构建特色文化发展

乡村文化振兴发展，要从实际出发，在自身文化特质中，构建特色文化产业链，打造各具特色的文化品牌。第一，乡村文化建设，要打破同质化发展问题，在自身特色文化元素的融入中，深化自身文化建设发展。第二，乡村文化建设要从"历史、文化"与"生态、业态、形态"等维度出发，打造乡村文化特色产业链，塑造品牌，为乡村文化振兴提供载体。

2. 完善文化设施建设，重塑农民价值观

乡村文化振兴的立足点，在于完善文化设施建设，在文化产业体系发展中，激活乡村文化活力。一是政府要发挥导向作用，通过政策引导、资金投入，为乡村文化基础设施建设提供有力支撑。二是在多元化的社会环境之下，乡村文化建设面临新的挑战，要在移风易俗、建设和谐宜居的文明乡风行动中，让乡村文明焕发出新气象。用"家风家训"教育传承，用"村规民约"强化宣传教育，重塑农民价值观。

3. 强化乡村文化保护，提升公共服务体系

为进一步规范乡村文化建设，实现乡村文化振兴工程的有序推进，应提升公共服务体系，强化文化保护力度。首先，要强化对乡村文化的保护力度，对传统优秀文化要积极开展文化遗产普查、调研等工作，对乡村文化进行科学分类和保护。其次，提升乡村公共文化服务体系，在非物质文化遗产、社会主义核心价值观等乡村文化传承发展中，激发乡村文化建设活力。例如以村为单位，建立基层文化服务站，在乡镇改革调整后的区域开展特色文化兴趣班、文化讲习所，让传统文化技艺、新业态文化在文化教育中得到传承，发展传承为更加系统化的文化服务体系。最后，加强乡风、乡味、乡愁、乡俗的保护性利用，传承性弘扬，创新性发展。

（四）生态振兴的实现路径

1. 立足生态抓发展

（1）生态和产业要融合。一是强力推进传统产业的生态化改造。实现乡村生态振兴，既要产业生态化也要生态产业化。要把良好生态的功能和价值传递给农民，使其在农村经济发展中注重生态保护和环境污染治理，在规划产业时遵循资源节约、物质循环、生产过程低碳的生态理念，自觉以生态的立场、生态的标准、生态的路径进行产业实践。二是要做大做强生态产业。坚持生态主导、科学开发的方针，精心保护、修复和提升生态功能。以生态规划为引领，以绿色发展为导向，加快形成"产地生态、产品绿色、产业融合、产出高效"的生态经济发展模式。

（2）生态和旅游要融合。乡村具有城市无可比拟的生态资源。生态资源不仅具有生态功能，还具有经济价值。通过挖掘和开发旅游经济、民宿经济，使生态资源的生态价值转化为经济价值，形成社会和经济效益。最终实现以自然生态资源为基础发展生态旅游，以生态产业为基础打造生态乡村。

2. 推行绿色生产方式和生活方式

坚定尊重自然、顺应自然、保护自然的信念。只有坚信尊重自然的发展道路才是有前途的发展道路。人类与自然是平等的，人类既不是自然的奴隶，也不是自然的主宰者。在实施乡村振兴战略中，必须积极反思和调整人类自身行为，人类只有尊重自然，才能得到自然的尊重。

坚持节约优先、保护优先、自然恢复为主的方针。坚持节约优先，就是在资源上把节约放在首要位置，着力推进资源节约和高效利用，提升资源的单位产出；保护优先，就是在环境上把保护放在首位，加大环境的保护力度，始终坚持以预防为主、综合治理的方针，减少污染物的排放，改善环境质量；以自然恢复为主，就是在生态上将人工建设为主转向自然恢复为主，加大环境自身的修复能力，做到从源头出发，保护生态环境。

坚持人与自然和谐共处的生态原则。保护生态环境就是保护生产力，改善生态环境就是发展生产力。让绿水青山源源不断地带来金山银山，实现良好的经济效益、社会效益与生态效益，实现人与自然和谐共处、和谐发展。

（五）组织振兴的实现路径

1. 找准乡村党组织的历史新定位

振兴乡村党组织。建立"自下而上"的考核制度，鼓励和配合乡村党组织成员为群众多干事、干实事。党组织解决乡村治理问题的实际行动和成果才是村民最关心的问题。乡村党组织由于职能转变而产生的一些困境，其本质在于原有的组织人员的能力无法解决社会经济发展带来的新问题，故而需从提升现有乡村党组织成员的理论和实践知识与培育新时代乡村党组织带头人两个方面着手。

培育其他组织振兴形式。乡村组织振兴不仅仅是乡村党组织的振兴，也包括村民自治组织的振兴，这其中包括专业合作经济组织、村民兴趣组织、村民养老互助组织等。鼓励乡村党员带头搭建和参与各类乡村组织，村内组织岗位可交叉担任。规范组织内部议事制度，加强组织外联络对接，最终建立以乡村党组织为核心，乡村技术型组织为关键，乡村娱乐型组织为引导，社会组织为补充的新型乡村组织体系。

2. 营造乡村组织振兴良好氛围

传承中华优秀传统文化。传统文化的传承应以保护为前提。在文化保护的过程中，强调以政府力量为主，市场力量为辅。通过政府组织的权威保护机构对传统建筑、传统村落进行专业的评估，为传统建筑提供基础保护。此外，乡村组织在积极挖掘传统优秀文化的同时，应注意结合现代乡村社会经济发展的实际情况，在发展其特殊性的同时培育其普遍性，降低优秀传统文化的"准入门槛"，提高普通村民的参与度，进而丰富村民的精神文化生活。

加强乡村思想道德建设。以文化教育为主，物质奖励和精神奖励为辅，提高其学习积极性。以引导其获取文化开发过程中的经济利益和享受社会主义文化带来的稳定的社会秩序为主，在一定的物质保障的基础上，倡导人民为社会主义文化的弘扬献计献策。此外，需引导村民建立有道德指向的村规民约，将传统的道德义务与中国特色社会主义文化相结合。

3. 破除组织与村民之间的认知屏障

建立信息共享机制。建立信息共享机制，是破除乡村组织信息孤岛现象的关键。首先，应按照共建、共享的原则，加强乡村组织与村民的协调，将村民和相关乡村组织的资源进行融合。其次，借鉴国内外乡村组织信息交流和互动机制的先进经验，汲取其中关于村内信息共享运用的技术和服务经验。最后，发挥"互联网+"的资源优势，建立乡村组织信息数据库，为乡村组织提供村内外信息，为组织与村民、组织与组织间沟通提供交流平台和信息存储服务。

提高村民政策认知。在提升村民对于乡村振兴战略认知的过程中，应从提高村民参与乡村振兴的意愿，拓宽村民参与乡村振兴战略的途径，提高村民对乡村振兴战略的政策认知三个方面进行。首先，落实农民的主人翁意识，将农民的利益放在第一位，激发农民主动参与乡村振兴战略的意愿。其次，加快推动农民参与乡村治理体制机制的建设，完善村民参与村务决策、村务监督机制。最后，通过对乡村治理主体进行指导，将政策送到家，并及时对有关乡村振兴战略的错误信息进行辟谣。

加强党的领导。推动乡村组织振兴就是要在党中央和各级党委政府的坚强领导下，夯实农村基层党组织根基，发挥农村基层党组织在乡村事业发展中的领导核心作用，同时推动乡村农村专业合作经济组织、社会组织和村民自治组织的建设与完善，最终实现乡村组织振兴，为乡村振兴提供坚强的组织保障。

第三节　乡村振兴之"三农"政策

一、农业政策：从传统农业向现代农业转变

（一）确保粮食安全

党的十九大报告中明确提出，"要确保国家粮食安全，把中国人的饭碗牢牢端在自己手中"，这充分体现了党中央对维护国家粮食安全的坚定决心。2021年是我国现代化建设进程中具有特殊重要性的一年，"十四五"开局，全面建设社会主义现代化国家新征程开启，又是建党一百周年，保持粮食生产稳定意义重大。

当前，国家高度重视"粮食安全"，与往年相比，2022年中央一号文件将"保障国家粮食安全"提升到"底线"的高度，全文共5次提到"粮食安全"，并强调粮食安全党政同责、强化粮食库存动态监管、落实粮食节约行动方案，粮食安全重要性突出。国家对于粮食安全的重视主要是出于特殊时期和背景的考量，在新冠肺炎疫情影响及地域冲突蔓延的背景下，许多国家对粮食出口进行限制，国际粮食格局发生很大变化，国际粮价波动剧烈，世界形势变得复杂，中国人必须要端稳中国人的"饭碗"，发挥粮食安全的"压舱石"作用。2022年中央一号文件还聚焦于调整粮食生产结构，提出要大力实施大豆和油料产能提升工程。我国大豆和油料进口依存程度高，近期国际上油料价格上涨明显，对我国油料进口造成一定影响。因此2022年中央一号文件提出要扩种大豆和油料，并提出稳定大豆等生产者补贴政策、加大产油大县奖励力度等配套举措，有助于调动农民生产大豆和油料的积极性，降低对进口的依赖，增强抵御外部风险的能力。

农业是一个国家经济发展的基础，粮食安全关系国计民生。由于受到国际市场环境、国内农业生产环境和农业生产成本等因素的影响，我国粮食生产还存在许多不安全的因素，未来我国粮食生产将面临更大的挑战。因此我们必须严格落实"藏粮于地，藏粮于技"战略，出台了一系列政策措施，保证粮食产能稳步提升，确保将14亿中国人的饭碗牢牢端在自己手中。

1. 切实稳定粮食播种面积

进一步加大耕地保护力度，坚持耕地数量、质量、生态"三位一体"保护措施，深入落实"藏粮于地"。一是稳定粮食耕地面积，坚守18亿亩耕地红线落实最严格的耕地保护制度，加强耕地用途管制，实行永久基本农田特殊保护。政府在工业化用地、城市化用地的问题上要起到调控的作用，防止出现各类建设用地侵占行为。严禁违规占用耕地和违背自然规律绿化造林、挖湖造景，严格控制非农建设占用耕地，建立健全耕地数量、种粮情况监测预警及评价通报机制。同时要持续开展耕地质量保护与提

升行动,通过深耕深松、秸秆还田、测土配方施肥等措施,保护提升耕地地力,实现"藏粮于地"。

2. 落实粮食生产扶持政策

粮食生产扶持政策主要有以下3个方面:一是强化粮食生产扶持政策,坚持并完善稻谷、小麦最低收购价政策,及时反映农民和市场主体的诉求与建议,发挥市场机制作用,促进优质优价,加快建立种粮农民收益保障机制,让农民愿意种粮、种好粮。二是积极发展乡村特色产业、农产品产地初加工、农村电商、冷链物流等,推动完善农产品流通体系和市场体系,积极培育农产品市场运营主体,实现农产品高效流通,推动农产品市场健康发展,提升农业产业综合效益。三是大力发展社会化服务。扶持培育壮大新型农业经营主体,支持发展农业生产社会化服务组织,为外出务工和无力耕种农户提供全程托管服务。通过代耕代种、代育代插、联耕联种、土地托管等形式,推进粮食适度规模经营和集约化生产。

3. 加快"粮食生产功能区和重要农产品生产保护区"规划与建设

建立"两区"是保障国家粮食安全、深化农业供给侧结构性改革的重大战略决策和重要制度性安排。积极推进"两区"划定和建设,实施"藏粮于地、藏粮于技"战略,为推进农业现代化建设奠定坚实基础。

综合考虑消费需求、生产现状、水土资源条件等因素,科学合理划定粮食生产功能区和重要农产品生产保护区,完善支持政策和制度保障体系,引导农民参与"两区"划定、建设和管护,鼓励农民发展粮食和重要农产品生产,稳定粮食和重要农产品种植面积,保持种植收益在合理水平,确保"两区"建得好、管得住,能够长久发挥作用。

同时引导"两区"目标作物种植,实现"分区施策、按区种植"。加快"两区"内高标准农田建设,整体提升"两区"综合生产能力。

4. 大力推进高标准农田建设

农田质量是粮食安全的根基。要围绕实施乡村振兴战略,按照农业高质量发展要求,加强规划布局,持续推进高标准农田建设。

制定实施新一轮全国高标准农田建设规划,优化高标准农田建设布局,优先安排建设已划为永久基本农田、水土资源条件较好、开发潜力较大的地块,达到集中连片、旱涝保收、高产稳产、生态友好的高标准农田建设标准。同时把高标准农田建设作为支农投入的重点,加大财政投入力度,把高标准农田建设与优势特色产业、农业产业结构调整紧密联系起来,集中连片规划高标准农田,打造优质高效农业示范基地。通过实施项目工程,提升农业耕地综合生产力,促进土地提档升级,带动农民增收。

5. 开展绿色高质高效行动

以绿色发展为导向,结合高标准农田建设,各地区根据种植作物特征,开展重点作物绿色高质高效行动项目。围绕整地、播种、管理、收获等环节,推广成熟的"全环节"绿色节本高效技术。引领"全县域"农业绿色发展,全面推动生产方式变革、单产水平提升,形成一批适合本县域的可复制推广的技术模式。辐射带动大面积增产增效，推动粮食生产转型升级和高质量发展。

6. 强化粮食安全省长责任制考核

2020年5月23日，习近平总书记看望参加全国政协十三届三次会议的经济界委员时强调，要保障粮食等重要农产品生产供给，强化"米袋子"省长负责制考核。粮食安全省长责任制是党中央、国务院为保障国家粮食安全而作出的一项制度安排，开展考核是推进粮食安全治理体系和治理能力现代化的有力举措。

要通过抓考核，建立完善分级负责的粮食安全责任体系，优化完善粮食面积、产量考核评分标准，健全完善落实粮食安全省长责任制、保障粮食安全的长效机制，强化对稳住粮食生产的硬约束，强化地方政府维护国家粮食安全的主体责任，推动形成齐抓共管保障国家粮食安全的合力，增强粮食安全保障能力，确保国家粮食安全战略顺利实施。

7. 统筹国际国内两个市场，守国家粮食安全底线

统筹利用国内外两个市场，掌握粮食进口的主动权，牢牢稳住农业基本盘，以国内供给的稳定性应对国际环境的不确定性。一方面，管好用好库存粮食，发挥其"调节器"作用，加大对投机资本的打击力度，强化底线思维，引导国内粮价回归合理区间。通过技术创新、模式创新，特别是在适宜地区抓好大豆、玉米带状复合种植，增强国内稳产的确定性。另一方面，加强国际合作，与国际粮商深化合作关系，建立稳定可靠的贸易关系，在全球范围内完善我国内外联通的粮食供应网络，提升对全球粮食产业链的掌控力和话语权，深化国际粮食生产、加工、贸易、投资等多双边合作，更好利用国际资源保障国内粮食需求。

（二）加快农业机械化

农业机械化是促进农业农村现代化进步的基础和关键。党的十八大以来，我国在农业机械化方面取得了举世瞩目的成就，不仅有持续增长的农机装备总量、快速提升的农机作业水平、不断增强的社会化服务能力，而且农机拥有量和使用量也都位居世界前列，国家农业机械化水平不断提升，走进机械化为主导的新阶段，农业生产更是从原来的依靠人力畜力转变为依靠机械动力。习近平总书记指出，要大力推进农业机械化和智能化，用科技为农业现代化赋能。

《"十四五"全国农业机械化发展规划》（以下简称《规划》）中明确提出：要不断加强对于智能化、大中型以及复合型农业机械的研发和应用，真正打造出中国的农机装备前端企业和知名品牌。加速推动各种战略性经济作物以及粮食作物在育、耕、种、管、收、运、贮等薄弱环节所需要的先进农机装备的研制进程。同时也要推进适合丘陵山区农业生产需求的高效专用农机的研发和制造。实现在提升关键核心技术、关键材料和重要零部件等制约整机综合性能发展方面的技术攻关，强化研发绿色智能的畜产养殖装备，从而推进我国在全领域的农业机械化发展，《规划》中还明确要求要健全农作物生产体系上的全程机械化，加快推进各方集成配套。加强对智能化、高端化以及安全农机装备方面的支持力度，全面提升我国农机装备安全水平在国际上的竞争力。推进"机械装备+养殖工艺"的融合，提升畜牧水产养殖业的机械化程度，推动绿色环保理念在农机中的应用。加强基础设施建设，发展农机服务中的"全程机械化+综合农事"新模式。

在《2021—2023年农机购置补贴实施指导意见》中明确指出，中央财政资金全国农机购置补贴机具种类范围（以下简称"全国补贴范围"）为15大类44个小类共172个品目。各省从自身的供需实际出发，在全国的所有补贴范围内优先择取当地的补贴机具品目，从而因地制宜满足各地在粮食等农畜产品生产、特色化农业生产和农业绿色、数字化发展中所需的补贴资金，也在补贴范围中纳入了更多符合条件的高端、智能机具产品，提高补贴标准、加大了补贴力度。测算比例提高了5%，一般补贴机具单机补贴限额原则上不超过5万元；挤奶机械、烘干机单机补贴限额不超过12万元；100匹马力以上的拖拉机、高性能青饲料收获机、大型免耕播种机、大型联合收割机、水稻大型浸种催芽程控设备、畜禽粪污资源化利用机具单机补贴限额不超过15万元；200匹马力以上拖拉机单机补贴限额不超过25万元；大型甘蔗收获机单机补贴限额不超过40万元；大型棉花收获机单机、成套设施装备单套补贴限额不超过60万元。西藏和新疆南疆5个地州（含南疆垦区）继续按照《农业部办公厅、财政部办公厅关于在西藏和新疆南疆地区开展差别化农机购置补贴试点的通知》执行。在全国多省份实行补贴机具品目，各省农机化主管机构加强信息互通和共享，实现分档与补贴额之间的相对统一稳定关系。

（三）高标准农田建设

"十四五"开年之际，在国务院批复下农业农村部印发了《全国高标准农田建设规划（2021—2030年）》。建设目标是到2022年建成高标准农田10亿亩，到2025年建成10.75亿亩高标准农田，提升改造1.05亿亩高标准农田。实现新一轮高标准农田建设与国土空间规划"一张图"的目标。在粮食生产功能区以及保护区建设的预期目标是：用3年时间完成10亿亩以上信息化管理的"两区"建设，用5年时间完成对"两区"基础设施、管护能力、粮食产能提升的建设任务，使国家粮食安全战略得到巩固。具体实施内容有以下几个方面。

1. 粮食生产功能区的划定

2017年，国务院在《关于建立粮食生产功能区和重要农产品生产保护区的指导意见》等政策中明确指出，要以黄淮海地区、长江中下游、西北及西南优势区为重点，划定出小麦生产功能区共3.2亿亩，其中有6 000万亩水稻和小麦复种区；以东北平原、长江流域、东南沿海优势区为重点，划定水稻生产功能区共3.4亿亩；以松嫩平原、三江平原、辽河平原、黄淮海地区以及汾河和渭河流域等优势区为重点，划定玉米生产功能区共4.5亿亩，其中共有1.5亿亩小麦和玉米复种区。

2. 做好农产品生产重点保护区的划定

以东北地区为重点，黄淮海地区为补充，共划定大豆生产保护区1亿亩（含小麦和大豆复种区2 000万亩）；以新疆为重点，黄河流域、长江流域主产区为补充，划定3 500万亩的棉花生产保护区；以广西、云南为重点，划定糖料蔗生产保护区1 500万亩；以海南、云南、广东为中心，划定天然橡胶保护区1 800万亩；以长江流域为重点，划定 7 000 万亩油菜籽保护区（含 6 000 万亩水稻和油菜籽复种区）。

3. 完成"两区"综合建设任务

要加大政府财政的支持力度，利用以担保、保险、资产抵押等金融形式来提高农业金融保险的覆盖面和服务范围，积极吸引和利用社会资本，重点在于对高标准农田建设、橡胶生产基地、土地整治、各级农田水利设施建设、节水灌溉设备的配备等设施的扶持。要完善土地流转市场的建设，加强土地流转管理和服务，将农户闲散的土地有序地流转给土地承包大户，进行规模化经营，巩固农产品的供给能力。要利用"互联网+"现代化信息技术，健全农业社会化服务体系，提高对农业生产者的农业技术服务、耕种收服务等全过程、全方位的农业社会化服务能力。

二、农村政策：从新农村建设到美丽宜居乡村建设的转变

（一）宜居乡村建设规划

1. 科学推进乡村规划，完善县镇村规划布局

党的十八大实施乡村振兴战略中指出"必须重塑城乡关系，走城乡融合发展之路"，基于此，做好乡村规划工作，也显得非常重要。加强农村规划发展，通过村庄规划建设，更好地助力城乡一体化发展，强化县域国土空间管控规划，统筹划定永久基本农田、生态保护红线、城镇开发边界，在乡村规划过程中，做好居住用地规划工作，是打造乡村宜居环境的重要条件。对于当地可发展内容进行科学整理，根据实际发展需求，对居住用地进行规划设计，更好地完成现代化产业建设，细化现代化产业内容，加强居住用地位置的规划设计。从实践情况来看，居住用地需要沿着"自上而下"的方向发展，契合新乡村规划要求，提升区域经济发展稳定性。推进县域产业发展、基础设施、公共服务、生态环境保护等一体化规划，推动公共资源在县域内实现配置优化。按照集聚提升类、城郊融合类、特色保护类和搬迁撤并类等村庄不同类型，分门别类推进村庄规划。优化布局乡村生活空间，严格保护农业生产空间和乡村生态空间。坚持先规划后建设，遵循乡村发展规律，注重乡村传统特色和乡村历史风貌保护。严禁随意撤并村庄搞大社区、违背农民意愿大拆大建。

2. 加强乡村基础设施建设，完善农村交通运输体系

深化农村公路管理与养护体制改革，落实管养主体责任。加大推进农村公路建设项目进村入户，统筹规划农村公路穿村路段，兼顾村内主干道功能。完善交通安全防护基础设施，提升农村公路安全防控水平，强化农村公路交通安全有效全面监管。推动城乡客运一体化发展，完善农村客运长效发展机制。提升农村供水保障和供水安全水平。合理确定水源和供水工程设施布局与数量，加强水源工程建设和饮用水源保护。提高边远农村自来水普及率，鼓励有条件的地区将城市供水管网向周边村镇延伸。健全农村供水工程建设和管护长效运行机制。完善农村防汛抗旱设施设备，加强农村洪涝灾害预警和防控。加强农村清洁能源建设。提高清洁能源在农村能源消费中的比重。因地制宜提高农村地区光伏、风电利用率，大力发展农村生物质能源利用，加快构建以可再生能源为基础的农村清洁能源利用体系。推进清洁供暖设施建设，加大生物质

锅炉、太阳能集热器等应用力度，推动北方冬季清洁能源取暖。大力建设农村物流体系。完善县乡村三级物流配送体系，补齐物流基地、分拨中心、配送站点和冷链仓储等物流基础设施短板。改造提升农村寄递物流基础设施，建设乡镇运输服务站，改造农贸市场等传统流通网点。创新农村物流运营服务模式，探索乡村智慧物流发展模式。

3. 整治提升农村人居环境，因地制宜推进农村厕所改造

改造中西部地区农村户用厕所，引导新改厕所入院入室。合理规划布局农村公共厕所，加快建设并升级乡村景区旅游厕所。推进生活污水治理与农村厕所改造有机衔接。鼓励各地积极探索推行政府定标准、农户自愿按标准改造升级户用厕所、政府验收合格后按规定补助到户的奖补模式梯次推进农村生活污水治理模式。以县域为基本单元，以乡镇政府驻地和中心村为重点，梯次推进农村生产生活污水治理，全面消除较大面积的农村黑、污、臭水体。大力采用符合农村实际的污水处理模式和工艺，优先推广运行费用低、管护简便的先进处理技术，积极有效探索资源化利用方式。完善农村生活垃圾处理长效运行机制。推动农村生活垃圾源头分类减量，探索农村生产、生活垃圾就地、就近处理和资源化利用的有效途径，稳步解决"垃圾围村"等重点问题。进一步完善农村生活垃圾收运处理体系，建立健全农村再生资源回收利用网络。整体提升村容村貌。深入、全面地开展村庄清洁和绿化行动，实现村庄公共空间及村庄周边干净整洁。提高农房整体设计水平和建设质量。健全农村人居环境建设和管护长效机制，全面建立健全村庄保洁制度，有条件的地区积极推广城乡环卫一体化治理。

4. 加快数字乡村建设，加强乡村信息基础设施建设

实施数字乡村建设工程，大力发展和提高乡村信息服务水平，建设智慧农业工程，加快移动互联网、数字电视网、农村光纤宽带和下一代互联网发展，大力支持农村偏远地区信息通信基础设施建设。推动农业生产加工和农村地区电力、水利、物流、公路、环保等基础设施数字化升级，把信息化技术与农业生产、生活相融合，进一步发挥信息技术的优势。开发适应"三农"特点的技术产品、移动互联网应用软件，构建面向农业农村的综合信息服务平台。建立和应用农业农村大数据体系，推动人工智能、物联网、大数据等新一代信息技术与农村农业生产和经营深度融合。构建线上、线下有机结合的乡村数字惠民便民服务体系。推进"互联网+"政务服务向农村、向基层延伸。深化乡村智慧社区建设，搭建集党务村务、监督管理、便民服务于一体的智慧综合管理服务平台。加强乡村医疗、教育、文化、数字化建设，推进城乡公共服务资源共享，不断缩小城乡间的"数字鸿沟"。大力推进农民手机应用技能培训，加强农村5G网络建设。

（二）农村电商发展规划

农村电商的高质量发展是实现农村经济可持续发展的重要推动力，按照党中央、国务院部署要求，农业农村部将以"互联网+"农产品出村进城工程为抓手，加快推进信息技术在农业生产经营中的广泛应用，充分发挥网络、数据、技术和知识等要素作用，进一步完善适应农产品网络销售的供应链体系、运营服务体系和支撑保障体系，促进农产品的产销顺畅衔接、优质优价，带动农业转型升级、提质增效，拓宽农民就业增收渠道。重点做好以下几个方面工作。

一是以乡村特色产业为依托，打造优质特色农产品供应链体系。统筹组织开展生产、加工、仓储、物流、品牌、认证等服务，生产、开发适销对路的优质特色农产品及其加工品。

二是以益农信息社为基础，建立健全农产品网络销售服务体系。充分利用益农信息社以及农村电商、邮政、供销等村级站点的网点优势，统筹建立县、乡、村三级农产品网络销售服务体系。以低成本、简便、易懂的方式，针对性地为农户提供电商培训、加工包装、物流仓储、网店运营、商标注册、营销推广、小额信贷等全流程服务。

三是以现有工程项目为手段，加强产地基础设施建设。充分利用现有标准化种植瓜地、规模化养殖场、数字农业农村等项目，推进优质特色农产品的规模化、标准化、智能化生产，切实提升优质特色农产品的持续供给能力、商品化处理能力。结合农产品仓储保鲜冷链物流设施建设工程，构建全程冷链物流体系，推动整合县域内物流资源，完善县、乡、村三级物流体系。

四是以农产品出村进城为引领，带动数字农业农村建设和农村创业创新。推进优质特色农业全产业链数字化转型，打通信息流通节点，提高生产智能化、经营网络化、管理数字化水平。围绕乡村振兴和数字乡村发展战略布局，拓展"互联网+"农产品出村进城工程的服务功能，带动发展农村互联网新业态新模式。

（三）继续深化农村承包制度改革

1. 稳定农村土地承包关系，健全土地承包经营权登记制度

2014 年，中共中央办公厅、国务院办公厅印发《关于引导农村土地经营权有序流转发展农业适度规模经营的意见》（以下简称《意见》）指出，"建立健全承包合同取得权利、登记记载权利、证书证明权利的土地承包经营权登记制度，是稳定农村土地承包关系、促进土地经营权流转、发展适度规模经营的重要基础性工作"。《意见》指出，"在稳步扩大试点的基础上，用 5 年左右时间基本完成全国土地承包经营权确权登记颁证工作，妥善解决农户承包地块面积不准、四至不清等问题。"

2. 三权分置的提出

2016 年，中共中央办公厅、国务院办公厅印发的《关于完善农村土地所有权承包权经营权分置办法的意见》明确提出，将土地承包经营权分为承包权和经营权，实行所有权、承包权、经营权"三权分置"，这是土地产权的解构与重建的过程，是继家庭联产承包责任制后中国农村土地制度的又一次发展，以及农村改革的又一重大制度创新，为优化配置土地资源，发展适度规模经营，促进农业现代化开辟了新路径。

3. 法律法规进一步健全

随着新时代农业农村的持续发展，以前制定的政策如旧版的《农村土地承包经营权流转管理办法》中许多条款已不适应新的形势和法律政策要求。2021 年 1 月 26 日，农业农村部颁布了新的《农村土地经营权流转管理办法》（以下简称《办法》）。该《办法》就农村土地经营权流转行为、流转管理等方面做出了进一步规定。其一，《办法》强调土地经营权流转应当坚持农村土地农民集体所有、农户家庭承包经营的基本

制度，保持农村土地承包关系稳定并长久不变，确保农地农用，把握好流转、集中、规模经营的度，在依法保护集体土地所有权和农户承包权前提下，平等保护土地经营权。其二，《办法》删除了转让、互换土地经营权的流转方式，明确了土地经营权流转的受让方应当依照有关法律法规保护土地，更加注重耕地农田的保护，强调禁止闲置、荒芜耕地。禁止占用永久基本农田发展林果业和挖塘养鱼。土地经营权流转合同到期或者未到期由承包方依法提前收回承包土地时，受让方有权获得合理补偿，且流转期限届满后，受让方享有以同等条件优先续约的权利。其三，《办法》完善了流转合同及相应管理制度，该合同增加关于双方当事人联系方式、流转土地类型、地块代码以及土地被依法征收、征用、占用时有关补偿费的归属等条款。流转合同示范文本的制定进行了调整，主体由省级人民政府农业行政主管部门调整为农业农村部。《办法》指明，确保农地农用，优先用于粮食生产，要将经营项目是否符合粮食生产等产业规划作为审查审核的重点内容，受让人如果发生擅自改变土地的农业用途、弃耕抛荒连续两年以上、给土地造成严重损害或者严重破坏土地生态环境等严重违约行为的，发包方有权要求终止土地经营权流转合同。其四，《办法》明确土地经营权融资担保职能。承包方、受让方利用土地经营权融资担保，应依法办理备案，并向乡（镇）人民政府农村土地承包管理部门报告。建立国家、省、市、县等互联互通的农村土地承包信息应用平台，提升土地经营权流转规范化、信息化管理水平，地方人民政府可以根据本《办法》，结合本行政区域实际，制定审查审核的实施细则。其五，《办法》鼓励多途径防范土地流转风险，加强事中、事后监管。县级以上地方人民政府可以依法建立工商企业等社会资本通过流转取得土地经营权的风险防范制度，及时代处纠正违法违规行为。鼓励各地建立多种形式的土地经营权流转风险防范和保障机制，鼓励承包方和受让方在土地经营权流转市场或者农村产权交易市场公开交易，流转双方协商设立风险保障金。

三、农民政策：从庄稼汉到新时代居民的转变

（一）农民教育培训

为了培育大量高素质农民，促进农村经济的发展。党的十八大报告中提出要着力促进农民增收，培育高素质农业经营主体，发展多种形式规模经营，通过培训提高一批、吸引发展一批、培育储备一批，加快构建新型农业经营队伍，构建集约化、专业化、组织化、社会化相结合的高素质农业经营体系，2012年中央一号文件中也提出要大力培育高素质职业农民，大力培育农村实用人才，切实提高新型职业农民培育的针对性、规范性和有效性，对未升学的农村高初中毕业生免费提供农业技能培训，对农村青年务农创业和农民工返乡创业项目给予补助和贷款支持；《2020年全国高素质农民发展报告》显示，2020年农业农村部、财政部启动实施了国家高素质农民培育计划，基本实现农业县全覆盖，重点培育高素质农业经营服务主体经营者、产业扶贫带头人、返乡入乡创新创业者和专业种养加能手。党和政府及相关部门相继出台了关于高素质农民的教育培训政策，培养造就一支懂农业、爱农村、爱农民的"三农"工作队伍，这对于提高农业现代化水平具有重大的指导意义。

2012—2019年，新型职业农民成为培育重点。2012年"新型职业农民"概念第一次出现在中央文件中，并且引入了"职业"的概念。这是中央立足我国农村劳动力结构的新变化，着眼现代农业发展的新需求，培养未来现代农业主体作出的战略决策，在传统农民"去身份化"转向新型职业农民的过程中具有重要的里程碑意义。阳光培训工程明确提出向培育新型职业农民倾斜，并对全国100个新型职业农民培育试点的2万名新型职业农民培育对象开展系统培训。2019年之后，正式提出"高素质农民"的概念。2019年8月19日，《中国共产党农村工作条例》（以下简称《条例》）正式实施。《条例》明确提出，"培养一支有文化、懂技术、善经营、会管理的高素质农民队伍，造就更多乡土人才。""高素质农民"这一概念，更加尊重农民在农业农村现代化建设中的主体地位和首创精神，体现了中央切实保障农民物质利益和民主权利的考虑。同年，农业农村部办公厅、教育部办公厅印发《关于做好高职扩招培养高素质农民有关工作的通知》，启动实施"百万高素质农民学历提升行动计划"。随着农业农村现代化推进步伐的加快，高素质农民培育已经越来越多地被提上议程。

1. 教育培训

农民教育培训工作基本形成各级党委政府主导、农业农村部门牵头、公益性培训机构为主体、市场力量和多方资源共同参与的农民教育培训体系。以全国范围的农民教育培训专项工程为引领，带动各地多渠道、多形式、多层次推进农业农村实用技术和经营技能培训分层次、分区域、分对象对高素质农民进行培训，主要包括对务农农民的教育培训、对返乡下乡创业创新主体的培训，还包括对认定后的高素质农民进行经常性的教育培训等。近年来，各地各部门以稳定地从事某项农业劳动作业的主体、雇工等为主要培训对象，让这些生产经营者掌握从事某项农业生产相关的专业理论知识，包括农业生产技术、农产品质量安全常识、农业生态和可持续发展知识、职业道德等，熟练掌握相关的技术、技能。

2. 就业创业扶持

就业创业扶持基本形成了以高素质农民为主要对象，与项目制补贴相结合，通过政府购买服务、以奖代补、先建后补等方式，支持乡村就业创业的扶持体系。与整个国家大的就业政策类似，这实际上是一种主动创造就业、创业机会的积极培育政策。在"大众创业、万众创新"的大背景下，各级人民政府结合返乡农民工创业的特点、需求和地域经济特色，积极组织实施农民工返乡创业专项培训计划，对返乡农民工给予创业培训补贴。

3. 职业技能鉴定

按照现代农业生产经营专业化分工、主体自身需求和用工岗位合理选择职业技能，初步形成了以产业发展带动农业农村技能人才队伍建设，以熟练掌握某项或某方面生产技能为基本目标，结合农业农村关键生产环节分段进行认证的制度。围绕职业资格认定，农业农村部门建设职业标准、鉴定工作队伍和质量体系，规范农业职业技能鉴定，不断提升鉴定质量。

4. 新型经营主体培育

新型经营主体培育的一个重要内容就是支持新型农业经营主体带头人等提升技

应用和生产经营能力。近年来,国家要求地方支持农民合作社示范社(联合社)和示范家庭农场改善生产条件,应用先进技术,提升规模化、绿色化、标准化、集约化生产能力,建设清选、包装、烘干等产地初加工设施,提高产品质量水平和市场竞争力。鼓励各地为农民合作社和家庭农场提供财务管理、技术指导等服务。除了技术和经营能力提升外,农业农村部门还支持新型农业经营主体建设基础设施,这实际上已经形成了对高素质农民"真金白银"的支持。

5. 社会保障

部分地区已经开始探索把高素质农民作为一种新的职业群体,允许享受城镇职工同等的养老、医疗、失业、工伤等社会保障待遇,提高社会保障水平,解决其相关的后顾之忧。上海市金山区对本市户籍获生产经营型高素质农民证书、在金山区从事农业生产经营的农业从业人员,并且缴纳城镇职工社会保险3个月以上,按上海市社会保障部门确定的职工社会保险基数下限中单位缴费部分的80%给予补贴。

6. 扶贫培训

主要是聚焦深度贫困地区,加大农业产业技术培训力度。例如,湖北省开展"巾帼电商培训助扶贫"专题培训班,重点培训帮扶农村妇女从事电商。又如,陕西省扎实开展产业扶贫技术培训百日大行动,确保产业脱贫户技术服务全覆盖。再如,甘肃省围绕建档立卡贫困户开展一户一个"科技明白人"的普及培训,把产业扶贫落实到"扶智、扶技"中。

(二)农民返乡创业

"十三五"期间,第一、二、三产业加快融合,农村创业创新环境持续改善,新产业新业态层出不穷,吸引一大批农民工、中高等院校毕业生、退役军人和科技人员等各类人才返乡入乡创业,这些青年才俊回乡就业,对城乡一体化和"三农"经济的全面发展起到很大的推动作用,且具有深远影响;趁此东风,扶持一批"田秀才""土专家""乡创客"等乡土人才以及留住乡村工匠、文化能人、手工艺人等在乡创业,成为乡村产业发展强大动能。2019年在乡创新创业人员超过3 150万人。逐渐形成以创新带创业、以创业带就业、以就业促增收的良好发展格局。同时,持续提升并拉动现有的新型职业农民的创造力和价值,改变传统农村的思维,为新时代农村的发展带来全新的农村经济发展业态、科学技术、思想观念等,从而帮助我国现有乡村迈向崭新的新征程。2020年,全国返乡入乡创业创新人员达1 010万人左右,比2019年增长了160万人,增长率为18.8%,首次突破1 000万人。

1. 完善政策创设

党的十八大召开后,中央政府把新型城镇化作为重要发展方向,城乡发展一体化作为重点,支持农民工等群体返乡创业,农业农村部出台了一系列重大政策措施,在融资服务、税收优惠、财政补助、用地用电等方面予以支持。同时,农业农村部会同人力资源社会保障部、财政部出台《关于进一步做好返乡入乡创业工作的意见》,提出"对首次创业、正常经营1年以上的返乡入乡创业人员,可给予一次性创业补贴",各级人民政府在创业环境及政策方面都大力支持,以便吸引更多人返乡创业,如2019年赣州市创业担保贷款政策宣传手册，明确指出了农村自主创业农民符合条件可享受300万元以内3年免息贷款；农业农村部会同国家发展和改革委员会等八部门联合出台《关于深入实施农村创新创业带头人培育行动的意见》，强化政策扶持，集聚资源力量，要求到2025年，培育农村创业创新带头人100万以上，基本实现农业重点县的行政村全覆盖；联合国家发展和改革委员会等部委出台《关于进一步支持农民工等人员返乡下乡创业的意见》，引导更多农民工返乡创业，对于农民工创办小微企业享受一定额度的税收减免政策，带动农民就地就近创业；会同科学技术部等印发《关于推进返乡入乡创业园建设　提升农村创业创新水平的意见》，进一步完善了返乡入乡创业政策，明确返乡入乡创业园建设重点，优化了返乡入乡创业环境。

2. 搭建创业平台

按照"政府搭建平台、平台聚集资源、资源服务创业"的要求，建设农村创业创新园区、孵化实训基地、现代农业产业园、农业产业强镇、农村一二三产业融合发展示范园等，为各类返乡入乡人员和在乡能人等提供创业创新的平台，施展他们创业才能和聪明才智。目前，农业农村部已认定1 096个具有区域特色的孵化实训基地和农村创业创新园区，并向社会推介了200个全国农村创业创新典型县范例，连续举办5次全国新农民新业态创业创新大会，全面展示新农民、新技术、新业态、新农业、新农村发展的成就；鼓励创业示范，启动创业明星评选活动，由基层组织推荐创业明星进行表彰与奖励，营造全民创业的社会氛围，鼓励更多想创业的人追求梦想；连续举办了四届全国农村创业创新项目创意大赛，选拔了一批优秀创新项目和创业人才，促进农村创业创新高质量发展。

3. 加强创业培训

农业农村部联合有关部门采取一系列举措，把返乡创业农民工纳入培训体系，稳步提升农民工等返乡入乡创业创新能力。对于返乡创业农民工提供免费的创业培训课程。围绕创业知识开展理论、实践相结合的培训课程。加大培训力度，实施高素质农民培育计划，重点面向新型农业经营主体骨干开展系统培训，每年培育农民超过100万人，增强创业和就业能力。实施返乡入乡创业培训行动计划，使每位有意愿的创业者都能接受一次创业培训，培训服务要贯穿于整个创业过程，在创业前、创业中都要进行跟踪反馈。实施农村创新创业带头人培育行动，为农村创业者提供全方位指导服务。创新培训方式，开设农村创业创新云讲座，充分利用门户网站、远程视频、云互动平台、微课堂、融媒体等现代信息技术手段，提供灵活便捷的在线培训。将农民工创业培训和职业化教育相衔接，建立多层次、多样化、精准化的针对创业培训的职业教育。

提升培训质量，探索"创业培训+技能培训"模式，推动创业培训与区域产业相结合，开发一批特色专业和示范培训课程。加强就业见习实习、创业孵化实训基地建设，组建创业导师队伍和专家顾问团。

4. 提升创业层次

各类农村创业创新主体应注意发掘农业多种功能和乡村多重价值，引入科创、智创、文创,开发农产品初加工、农村电商、乡村休闲旅游、乡土特色手工等新产业新业态,带动乡村产业链条纵向延伸、功能横向拓展、价值多向提升,实现农业与现代产业要素跨界配置。目前,新增创业项目的65%以上具有创新因素,80%以上属于产业融合类型,55%左右广泛运用智慧农业、互联网、共享经济等模式,促进了直播直销、视频农业、云乡游、云赏花等快速发展,形成城乡关联、产业梯度格局。

5. 带动农民增收

返乡入乡创业人员创办的项目小农户参与度高、受益面广,如到贫困地区建立农产品原料基地,鼓励创建特色农业、特色乡村旅游点,对于提供就业岗位的企业给予优惠政策和奖励政策。带动贫困户增收致富和脱贫攻坚。引导新型农业经营主体与小农户建立多种类型的合作方式,促进利益融合。积极开展电商产业扶贫,建立电商创业孵化基地,完善利益分配机制,推广"农民入股+保底收益+按股分红""订单收购+分红"等模式。据调查,返乡入乡创业创新项目的经营场所87%设置在乡镇及以下,一个返乡创业创新项目平均可吸纳6.3人稳定就业、17.3人灵活就业。返乡创业创新项目90%是多人联合、合作创业,70%具有带动农民就业增收效果,40%的项目带动农户脱贫。在产业扶贫、金融扶持等一系列的政府政策下返乡入乡创业越来越受到返乡入乡创业者的认可。

(三)农村社会保障

目前,我国已经基本建立起以农村社会保险、农村社会救助、农村社会福利、农村社会优抚安置等为主要内容的农村社会保障体系。通过农村社会保障制度来改善农村居民生活水平和城乡差距,逐步实现城乡一体化发展的目标。

1. 农村居民医疗保障政策

农村居民医疗保障政策是指为解决农村居民看病难、就医难和"因病致贫、因病返贫"等问题而制定的政策。要健全农村医疗卫生服务,大力发展乡村医生队伍建设,加强农村基层卫生人才培养;完善基本公共卫生服务;加快全民医保体系的构建——根据近年来的中央一号文件的相关内容,农村居民医疗保障政策主要包括以下几个方面。

一是医护人才建设方面。2015年,国务院办公厅印发《关于进一步加强乡村医生队伍建设的实施意见》,着力解决"学历层次低,考取医师难;社会地位低,人才引进难;收入待遇低,队伍稳定难;保障水平低,保险衔接难;工作起点低,筹措经费难"等乡村医生发展难题。通过10年左右的努力,力争使乡村医生总体具备中专及以上学历,逐步具备执业助理医师及以上资格,乡村医生各方面合理待遇得到较好保障,基本建成一支素质较高、适应需要的乡村医生队伍。

二是卫生监督方面。《2012年政府工作报告》《中共中央国务院关于加快发展现代农业进一步增强农村发展活力的若干意见》等要求搞好农村人口和计划生育工作,稳定农村计划生育网络和队伍;降低药品价格,彻底解决用以高药价来提高医生收入的不良经营模式。

三是农村医疗保障制度方面。《关于进一步完善医疗救助制度全面开展重特大疾病医疗救助工作的意见》《中共中央国务院关于印发全国新型农村合作医疗异地就医联网结报实施方案的通知》《关于推进新型农村合作医疗支付方式改革工作的指导意见》《关于做好新型农村合作医疗跨省就医费用核查和结报工作的指导意见》，要进一步提高政府财政部门对农村居民医疗保险的补助力度。2021年，国家医保局等部委印发《关于做好2021年城乡居民基本医疗保障工作的通知》，2021年继续提高居民医保筹资标准，居民医保人均财政补助标准提高到580元；同时指出要完善大病保险，扩大药品保障范围；推进医保全国联网，农民可以在其他城市进行医保的使用，提高报销比例，加快医疗资源进入农村。

2. 农村居民养老保障政策

农村居民养老保障政策是为了提高广大农村老年人生活水平和质量，实现"老有所养"而制定的政策，减轻农村居民的养老负担。随着农村老年人的不断增加，目前农村养老面临着较大的问题。中央一号文件指出要加快构建养老服务体系，建设多种农村养老服务；实现新型农村社会养老保险制度全面覆盖，城乡居民基本保险制度相融合。农村居民养老保障政策涉及农村社会养老保险和养老服务两个方面。

一是农村社会养老保险方面健全新型农村社会养老保险体系；合并城乡居民基本养老保险制度，运用科学合理的方式稳步提高城乡居民基础养老金标准；引导农村居民提高养老保险的缴费额度，从而增加养老金的发放额度。

二是农村社会养老服务方面。《"十四五"国家老龄事业发展和养老体系建设规划》等相关政策提出，实施积极应对人口老龄化国家战略，以加快完善社会保障、养老服务、健康支撑体系为重点，把积极老龄观、健康老龄化理念融入经济社会发展全过程，尽力而为、量力而行，深化改革、综合施策，加大制度创新、政策供给、财政投入力度，推动老龄事业和产业协同发展，在老有所养、老有所医、老有所为、老有所学、老有所乐上不断取得新进展，让老年人共享改革发展成果、安享幸福晚年。

3. 农村社会救助

农村社会救助制度是国家及各种社会群体运用掌握的资金、实物、服务等手段，通过一定机构和专业人员，向农村中无生活来源、丧失工作能力者，向生活在"贫困线"或最低生活标准以下的个人和家庭，向农村中一时遭受严重自然灾害和不幸事故的遇难者，实施的一种社会保障制度，以使受救助者能继续生存下去。

2020年8月，中共中央办公厅、国务院办公厅印发《关于改革完善社会救助制度的意见》，提出"促进城乡统筹发展。推进社会救助制度城乡统筹，加快实现城乡救助服务均等化。顺应农业转移人口市民化进程，及时对符合条件的农业转移人口提供相应救助帮扶"。

党的十九大报告指出，要统筹城乡社会救助体系，完善农村最低生活保障制度。中央一号文件与政府工作报告也多次指出，要切实改进农村社会救助工作，全面建立临时救助制度，实现农村低保全覆盖，使符合条件的农村贫困人口都进入农村最低生活保障的范围；改进农村最低生活保障申请家庭经济状况核查机制，实现农村最低生活保障制度与扶贫开发政策有效衔接，切实改善农村困难群体的基本生活；加强农村最低生活保障的规范管理，不断提高农村最低生活保障的标准。随着经济社会发展水平提高,从低保制度建立之初到现在,低保标准不断调整提高,截至2021年第三季度,我国农村最低生活保障人数为3 489.2万人,平均标准达6 298.8元/(人·年)。

4. 农村社会福利

农村社会福利是指为农村特殊对象和社区居民提供除社会救济和社会保险以外的保障措施与公益性事业,其主要任务是保障孤、寡、老、弱、病、残者的基本生活,同时对这些特困群体提供生活方面的上门服务,并开展娱乐、康复等活动,逐步提高其生活水平。

"十四五"时期,我国持续完善农村社会福利体系。一是密织社会保障网,重点加强特殊与困难群体福利项目建设,加强农村福利院、养老院、运动场、老年活动中心等设施建设,进一步拓展各类社会福利的覆盖范围。二是丰富社会保障方式,积极探索农村社会福利保障工作新模式,如针对60岁以上老年人,每年定期开展"节日慰问""免费理发""空巢老人养老服务"等活动,针对留守儿童建设"读书屋""托儿所"等场所,真正做到"膝下有人""心中有家""身心安宁",让老百姓有更多的幸福感、获得感和归属感。三是依托多元化保障主体,通过农村集体经济组织、专业合作社、农村带头人、龙头企业等多类主体,对农村特殊群体贡献关爱服务。同时,撬动社会资本,针对农村老年群体的多元化养老需求,把政府保基本与商业满足多元化需求结合起来,形成更大合力;发挥社会公益组织等力量,开展留守儿童结对帮扶等活动。总之,要针对农村老年人、儿童、"三留守"人员等的不同困难和需求,发挥各方面的力量,不断提高农村社会福利保障水平,让老百姓的日子越过越好。

5. 农村优抚安置

农村优抚安置主要指对国家和社会有功劳的农村特殊社会成员,依照法律给予补偿和褒扬的一种社会保障制度,是优待、抚恤、安置3种待遇的总称。

农村优抚安置是维护国家和民族自身利益的需要,具有十分重要的政治意义,它能够保证国家与社会的稳定和发展,推动社会经济繁荣,鼓舞士气,焕发民族精神。

第二章　农业生产经营制度及政策

第一节　农业生产经营体制的沿革

新中国成立以来，中国农村改革经历了不平凡的发展历程，深刻反映了党和国家对农村改革的认识转变和政策变迁。不同时期农业农村改革的任务不同、政策不同，但改革的理念和经验具有历史传承性和延续性。

一、农村基本经营制度的背景和起始阶段（1949—1978年）

新中国自成立到改革开放之前，国民经济经历了曲折前进的发展过程，农村经济的发展也是如此。

自1949年至1952年国民经济恢复时期，中国在广大新解放区开展了大规模的土地改革运动，1950年6月颁布的《土地改革法》明确指出，土地改革的基本目的是要在全国废除地主阶级封建剥削的土地所有制，实行土地农民所有制，以解放农村生产力，发展农业生产。截至1952年年底，土改在全国范围内已基本完成，完成土地改革的地区的农业人口共占全国农业人口数的90%以上。这场深刻的社会变革，彻底摧毁了封建剥削制度的基础，满足了农民群众获得土地的强烈愿望，解放了农村生产力，为实现国家社会主义工业化铺平了道路。

1953—1956年是社会主义改造时期，引导农民通过互助合作，进行农业社会主义改造，把农民引到社会主义道路上来。中国农业经历了互助组、初级社到高级社的转变。到1952年底，试办的初级社达到3 634个。1953—1955年上半年，是初级农业生产合作社普遍建立与发展的阶段，1953年初级社达到15 000个，1955年达到63 300个，1956年全国加入高级社的农户比重达到96%。农业合作化运动由初级社到高级社的演进发展，完成了农村土地所有权的和平转移，实现了农业集体化，适应了社会化大工业的发展需求。

1958年8月，《中共中央关于农村建立人民公社问题的决议》的发布，标志着人民公社化运动从理论走向实践，开始推行农村土地的国家所有、集体经营的人民公社制度。人民公社实行政社合一的体制，它既是生产组织单位，又是农村基层政权组织，不但负责全社的生产经营，而且还对工、商、学、兵等进行统一管理。1958年年底，农村基本上实现了人民公社化，建成人民公社24 000个。"一大二公"的人民公社激发了千千万万人民群众的热情，极大地增加农村公共产品的供给量。以农田水利基本建设为例，据统计，1957年冬到1958年春开展的兴修农田水利运动，扩大灌溉面积2 300多万公顷，改善灌溉面积930多万公顷，治理低洼易涝耕地1 300多万公顷，改造贫瘠耕地667多万公顷，植树造林1 900多万公顷，人民公社的历史作用是显著的，但事实证明，人民公社基本经营制度赖以成立的政府的"无所不能"和人民群众的"大公无私"等的逻辑前提严重偏离了客观事实，它尽管短期取得了成功，但因为激励机制的缺乏，公共产品的增加并不能有效弥补市场失灵，并促进粮食综合生产能力的快速提高，农民收入和生活水平也长期得不到显著改善。

在快速实现国家工业化的背景下，中国为了限制农村人口和劳动力向非农产业转移和城市流动，把城市中享受低价农产品的人数限制在有限的范围内，阻断城乡人口流动的高度分割的二元户籍管理制度应运而生。1958年通过的户籍登记条例，形成了几乎延续至今的户籍制度框架。此外，国家当时为了以低价掌握必要的农副产品以保证工业生产发展和城市需要，还形成了对主要农副产品的国家统购统销制度，在这种制度下，大部分农副产品的定价均由国家掌握。人民公社制度、统购统销制度以及户籍制度，这三大制度具有内在的统一性，成为中国当时重工业优先发展战略背景下的"三驾马车"。

在这段时间里，全国人均主要农产品产量没有明显增长，单个农业人口提供给社会的农产品量却下降较快。1958—1978年，中国农业总产值从566亿元增加到1 567亿元，平均每年仅增加50亿元，年均增长率为2.32%，粮食总产量从2亿吨增加到3亿多吨，年人均粮食占有量只增加了10千克多一点，农业劳动创造的国民收入从440亿元增加到1 065亿元，农业劳动生产率年均增长率从1952—1957年的1.66%下降到−0.19%。可以说，人民公社制度不仅制约了农村经济发展，也造成了农业发展迟滞，更造成了农民收入增长缓慢。从1957年到1978年，农民人均收入仅增加64.22元。

二、农村基本经营制度的形成阶段（1978—1998年）

1978年，中国共产党重新确立了实事求是的思想路线，党和政府的工作重心从阶级斗争转移到经济建设，各项事业进入改革开放的新阶段。改革开放初期，重点在坚持人民公社公有制形式的同时，通过责任制来激发农民的生产积极性。1979年，中共中央颁布了《关于加快农业发展若干问题的决定》。一方面，坚持"人民公社要继续实行'三级所有、队为基础'的制度，集中力量发展农村生产力"，另一方面，也肯定家庭激励的辅助性作用。"社会的多种经营是社会主义经济，社员自留地、自留畜、家庭副业和农村集市贸易是社会主义经济的附庸和补充，决不允许把它们当成是资本主义经济来批判和取缔"。各种责任制的推行使农业生产得到较大幅度改善。1980年9月，中共中央颁布了《关于进一步加强和完善农业生产责任制的几个问题》，肯定了责任制的贡献，鼓励了各地对生产责任制的积极探索。1982年"中央一号文件"《全国农村工作会议纪要》肯定了包产到户、包干到户和其他一些形式的生产责任制都是社会主义集体经济的生产责任制，认为家庭联产承包责任制是"我国农民的伟大创造"，进而提出了家庭联产承包责任制，并且将其作为我国主要的基本经营制度。1983年"中央一号文件"《当前农村经济政策的若干问题》在正式废除人民公社制度的同时，把家庭联产承包制概括为集体统一经营与家庭分散经营相结合的双层经营制，从此，计划经济时期形成的人民公社"三级所有、队为基础"的集体统一经营制度，正式被以联产承包为纽带、以家庭分散经营为主体，并与集体统一经营相结合的双层经营体制所代替。1984年中央一号文件《关于一九八四年农村工作的通知》提出，要稳定和完善生产责任制，把土地承包期从原来的3年，变为"土地承包期限一般应在15年以上"，在生产责任制的基础上，中央进一步扩大了农民在销售环节的自主权。1985年中央一号文件《关于进一步活跃农村经济的十项政策》，突破统购统销制度，肯定了家庭的市场行为，逐步建立起市场调节机制，为扩大市场在农村资源配置中的基础性作用提供了政策支持。此后，合同定购与市场收购的"双轨制"方式在中国农产品流通领域开始出现。

随着实践经验的逐渐成熟，1986年中央一号文件《关于一九八六年农村工作的部署》，第一次正式提出统一经营与分散经营相结合的双层经营体制。之后，党和政府提供重要文件、重要会议等各种渠道，不断肯定和坚持农村基本经营制度。1991年，党的十三届八中全会通过了《关于进一步加强农业和农村工作的决定》，首次明确"把以家庭联产承包为主的责任制、统分结合的双层经营体制，作为我国乡村集体经济组织的一项基本制度长期稳定下来，并不断充实完善"。

1992年，党的十四大提出我国将全面建设社会主义市场经济体制。这一时期，在建立社会主义市场经济体制改革的目标引领下，农业农村改革进行了多方面探索，市场机制在农业和农村经济发展中的作用进一步凸显，如农村基本经营制度的进一步完善、户籍制度改革的逐步展开。就农村基本经营制度而言，《中华人民共和国宪法》（简称《宪法》）确立了家庭联产承包责任制的地位，实施"增人不增地、减人不减地"的土地政策，明确土地承包期15年到期后继续延长，保持30年不变。就农产品流通体制改革而言，探索了粮棉等主要农产品的社会主义市场机制以改革农产品流通体制。

在这个阶段，各种政策的重点是"破"人民公社和"立"家庭经营的主导地位，农村经济政策基本上是围绕"家庭联产承包责任制"而制定的。

三、农村基本经营制度的发展阶段（1998—2008年）

随着市场经济体制的逐渐确立，"家庭联产承包责任制"中的"责任"实质内容越来越少，十五届三中全会通过的《中共中央关于农业和农村工作若干重大问题的决定》，一方面始终将农业放在国民经济发展的首位和长期稳定农村基本政策，另一方面对农村基本经营制度进行了创新，即实行"土地集体所有、家庭承包经营，使用权同所有权分离，统分结合的双层经营体制"，从而理顺了农村最基本的生产关系。1999年和2004年全国人大通过的《宪法修正案》规定："农村集体经济组织实行家庭承包经营为基础、统分结合的双层经营体制。"

全国人民代表大会常委会先后颁布的《中华人民共和国土地管理法》（简称《土地管理法》）（1987年颁布，后经过三次修订）和《中华人民共和国农村土地承包法》（简称《农村土地承包法》）（2002年颁布，后经过2009年和2018年两次修订），确立了农民的土地承包权和经营权。2007年颁布的中华人民共和国《物权法》（2021年1月1日废止）规定农民对其承包地享有占有、使用和收益的权利，从法律层面把土地承包经营权上升为一种有益物权，进一步确认了土地使用权的物权性质，这体现了农民与集体之间不再是传统的债权债务关系，使农民拥有了基本完整的土地产权，进而为推进土地流转等奠定了坚实的法律基础。2006年废止的《农业税条例》，取消了除烟叶以外的农业特产税，并且全部免征牧业税，延续了2 600多年的"皇粮国税"走进了历史博物馆。在这种背景下，党中央审时度势，将"家庭联产承包责任制"的提法转变为"以家庭承包经营为基础"，最终确立了家庭的独立经济主体地位。

四、农村基本经营制度的完善阶段（2008年至今）

2008年是我国农村经济体制改革的关键年份，2008年中央一号文件和十七届三中全会公报肯定了农村经济的市场化改革模式，对农村基本经营制度的表述略去了"农村集体经济组织"的限制，将农村基本经营制度视为重要性的"制度性成果"的同时，强调通过创新农业经营体制、转变农业经营模式和发展多元化社会化服务体系来完善农村基本经营制度。我国政策重点已从强调农村集体经济的本质转变为探索集体经济的有效实现形式，对农村集体经济组织内涵的认识，也扩展到包括农民专业合作社、农业企业、种粮大户等可以提高农民组织化程度和提供社会化服务的所有组织。随着农业产业化的推进，"统一经营"和"统一服务"的主体不断丰富、形式与内容越来越多元化。2012年中共十八大报告明确提出，要坚持和完善农村基本经营制度，构建集约化、专业化、组织化、社会化相结合的新型农业经营体系。2013年的中央一号文件以"加快发展现代农业、进一步增强农村发展活力"为题，强调创新农业生产经营体制，稳步提高农民组织化程度，构建农业社会化服务新机制，大力培育发展多元服务主体，改革农村集体产权制度，有效保障农民财产权利。

党中央对农村基本经营制度表述从"大包干""家庭联产承包责任制"到"以家庭承包经营为基础、统分结合的双层经营体制"，再到赋予农民更多财产权利，体现了不同时期农村基本经营制度改革的不同重点，也反映出自农村改革以来农村基本经营制度自身不断稳定和完善的过程。

第二节 农业家庭经营政策

一、农业家庭经营的概念

农业家庭经营就是指以农民家庭为相对独立的生产经营单位从事的农业生产经营活动。它突出了主要经营对象的产业特征，即农业；经营主体是农民家庭；它强调以使用家庭劳动力为主，而不是以雇工经营为主。

二、农业家庭经营相关的政策与法规

进入20世纪80年代以来，我国农业生产经营状况不断好转，随着农业生产责任制的推行，农民生产积极性得到充分调动，在广袤的农村大地上蓬勃发展，彰显出强大的生命力，其共同特点是：责任明确、操作简便，保障农民的生产、经营自主权，克服了分配上"吃大锅饭"的平均主义。中共中央在1982年至1986年连续五年发布以农业、农村和农民为主题的"中央一号文件"，对农村改革和农业发展作出了具体部署。

（一）1982年中央一号文件《全国农村工作会议纪要》

1982年1月1日，中共中央发出第一个关于"三农"问题的中央一号文件，明确指出包产到户、包干到户或大包干都是社会主义生产责任制，同时还说明它"不同于合作化以前的小私有的个体经济，而是社会主义农业经济的组成部分"，对迅速推广的农村改革进行了总结。

（二）1983年中央一号文件《当前农村经济政策的若干问题》

1983年中央一号文件《当前农村经济政策的若干问题》正式颁布，明确联产承包责任制是农业生产责任制的主要形式，实现了农业生产经营"统"与"分"的有机融合，实现了农业生产经营中"集体"与"个人"的互促发展。以农业生产责任制为主要特征的农业家庭经营打破了农业发展长期停滞不前的困难局面，推进了农业生产经营方式的新变革，将农业生产的小组、家庭或农户看作是农业生产经营活动的"细胞单元"，释放了亿万农民大众农业生产经营自主性、创造性活力，发挥了作为农业生产基本单位——家庭或农户的农业生产经营优势。

（三）1984年中央一号文件《关于一九八四年农村工作的通知》

1984年中央一号文件明确了要继续稳定和完善联产承包责任制，规定土地承包期一般应在15年以上，生产周期长的和开发性的项目，承包期应当更长一些。事实上，在这一时期我国的农业生产逐步由集中计划型向市场开放型转变，农业生产效益逐渐由温饱效益向经济效益转变，农业生产方式由供给型向商品型转变。在此背景下，"中央一号文件"进一步提出了"发展农工商经济组织""加强农业社会服务""搞活农村生产流通""减轻农民负担""促进农业多种经营""培养农村建设人才""加强农村思想政治工作与文化教育工作"等重要举措，促进了农业生产力提高、农民积极性释放与农村经济繁荣。

据统计，1978—1984年，农民人均纯收入由133.57元增加到355.33元，年均递增17.71%，其中1982年的年增长率为19.9%，为历史最高。从1978年到1988年，粮食总产由2 000亿千克增加到4 000亿千克，创造了以占世界7%的耕地养活占世界22%的人口的奇迹。乡镇企业如雨后春笋般涌现，到20世纪90年代初期，乡镇企业成为中国经济中最活跃的部分，中国工业产值中"三分天下有其一"。

（四）1985年中央一号文件《关于进一步活跃农村经济的十项政策》

1985年中央一号文件在总结广大农村改革发展状况的基础上，提出了农村生产向商品经济转化、农业生产向适应市场需求转变、推进农业生产经营方式变革、活跃农业农村社会经济的"十项政策措施"，这些政策措施的制定对打破集体经济中的"大锅饭""一拉平"式分配制度，拓宽农业生产经营的流通渠道，提高农村商品化程度和经济效益水平具有特殊意义。文件指出，进一步扩大市场的调节作用，通过活跃农村经济，发展商品化生产，使农户从过去主要依靠国家计划生产向适应市场需求生产转变，与此同时，文件明确："联产承包责任制和农户家庭经营长期不变"，再一次强化了农业承包责任制以及农户家庭经营的重要性地位。

(五) 1986 年中央一号文件《关于一九八六年农村工作的部署》

1986 年中央一号文件的发布，重申了农业在国民经济中的重要地位，其明确指出："农村商品生产的发展，要求生产服务社会化"，提出"统一经营"与"分散经营"相互融合发展的理念。文件提出，在农业生产经营过程中"统"的职能不能弱化、虚化，要积极为"分"的职能做好服务。事实上，中央一号文件突出了促进商品经济发展以及家庭承包农户与市场经济需要相适应、相衔接的"三农"工作时代化主题，是农业生产由计划体制向市场体制转型的前奏。

1982—1986 年，党中央、国务院连续出台 5 个中央一号文件，推进了农村以家庭联产承包责任制为基础的统分结合双层经营体制，改善了农业生产关系，大大激发了广大农民的生产积极性，解放了农业生产力，推动了农村商品经济发展，农民连年喜获丰收。这一时期农业生产年均增长率为 7.3%，粮食总量年均增长率为 4.9%，解决了 8 亿农民的温饱问题，农民收入增长极为迅速，城乡居民收入差距缩小。

20 世纪 80 年代 5 个中央一号文件体现出两个显著特点：一是突出农村改革在于构建新的经济体制。推行家庭联产承包责任制，废除人民公社，突破计划经济模式，构建了适应发展社会主义市场经济要求的农村新经济体制框架。二是突出解放和发展农村生产力，繁荣农村商品经济。农村改革的根本目的是解放和发展生产力，发展农村商品经济，促进农业现代化，使农村繁荣富裕起来，推动农业商品经济发展，中央一号文件功不可没。

第三节 新型农业经营主体政策

一、家庭农场

(一) 家庭农场的概念与特征

家庭农场是以家庭成员为主要劳动力，从事农业规模化、集约化、商品化生产经营，并以农业收入为家庭主要收入来源的新型农业生产经营主体。其主要特征如下。

1. 以家庭为基本经营单位

家庭农场以家庭经营方式为主，由农场主（户主）统一配置资源，在家庭激励机制的作用下独立生产，自主经营。土地以家庭自有为主或土地使用权归家庭成员共同所有。随着社会经济的发展，可以采取承包、租赁、拍卖和入股等形式获得土地的使用权。家庭农场所需的生产经营资金通常以家庭自有资金为主，辅以亲朋借用、合资入股、政策贷款、质押贷款等形式筹资。农户既是家庭农场的所有者、经营者，又是劳动者。家庭农场的劳动力以家庭成员为主，雇工一般不超过劳动力总量的一半。

2. 经营规模化、市场化、专业化

各国家庭农场受耕地面积、环境、种养结构和经济制度的影响，其生产规模各不相同，但大多经历了由分散化向规模化转变的过程。家庭农场的生产不再以"自给自足"为目标，而是以市场为导向，依据社会需求，调整家庭农场的种植、养殖结构，实行商品化经营。农场专业化是指农场主要经营一种产品，实行生产作业专业化，将过去由一个农场完成的全部工作，如耕种、田间管理、收获、运输等，部分或全部交由农场以外的企业或中介组织来承担，农场成为农业生产供应链中的一个重要环节。

3. 生产技术现代化

家庭农场广泛运用现代化生产手段和高新科学技术，以适应规模化经营和农业市场化的需要。采用先进的农业机械进行耕作，能够提高家庭的劳动生产率，减少生产成本。目前，一些发达国家的家庭农场在生产中多使用现代化的农业技术装备，如利用卫星系统监视农作物的生产情况，利用红外线照相机探测土壤的温度和湿度，利用全球定位系统了解农作物的精确产量等，用以提高农产品的产量和质量，农业标准化初现端倪。

4. 组织管理企业化

农业生产的规模化增强了家庭农场抵御市场风险和自然风险的能力，而家庭农场经营规模的扩大要求改变其原有的经营方式，家庭农场的企业化管理应运而生。家庭农场的企业化管理是要求农户以收益最大化为经营目标，并将家庭生活消费与生产经营分开核算的组织管理模式。

5. 农民技能、思想观念现代化

企业家才是现代经济中作用日益突出的核心要素，决定了其他要素的配置和利用效率，经营家庭农场的现代农民具有一定的专业知识，具备接受和应用现代农业技术的素质和能力，能熟练使用先进的农业机械设备，有较强的现代市场意识、投资意识、风险意识和管理才能。他们不再认为经营农场仅是生存的手段，而是将其视作有希望的事业，通过经营家庭农场，实现自己的人生价值。

6. 与多种经营组织结合发展

随着社会经济的发展，由农场进行的农业生产只是社会化大生产中的一个环节，众多农业生产服务组织也参与其中，家庭农场与产前和产后部门在分工的基础上密切合作。农业协会、农业合作社等由各类型农场主自愿结合起来的农业组织为会员（社员）提供农产品市场信息，监督农场实施产品标准化生产。

（二）家庭农场的类型

按经营方式可将家庭农场划分为不雇工型和雇工型。不雇工型指家庭农场的农业生产作业与管理不雇佣他人，只依靠家庭成员进行，其特点是管理简便、组织成本和监督费用小。雇工型是指农业生产的作业与管理除主要依靠家庭成员外，还需要雇佣一定数量的劳动力，但雇工量一般不超过劳动力总量的一半。

按经营内容可将家庭农场划分为专业型和综合型。专业型指农场只经营单一产品，依据产业的不同可细分为种植型、渔业型、林业型和畜牧养殖型四种；综合型指农场经营多种产品，一般以养结合为主。专业型农场是当今家庭农场发展的主要形式。

按农场主要劳动力从事工作的产业性质及家庭农场收入构成可将家庭农场划分为专营型和兼业型。专营型指家庭农场成员全部从事农业活动，农业收入是农场收入的唯一来源。兼业型指家庭农场至少有一名以上劳动力从事非农经营。兼业农场可分为第一类兼业农场和第二类兼业农场。第一类兼业农场指以从事农业为主,兼做非农产业(包括外出务工),农场收入以农业收入为主,即农业收入在总收入中所占比例超过50%的农场;第二类兼业农场指以从事非农为主(包括外出务工),兼营农业,农场收入以非农业收入为主,即非农业收入在总收入中所占比例超过50%的农场。

按经营规模和销售额可将家庭农场划分为小型家庭农场、中型家庭农场和大型家庭农场。美国依据家庭农场的销售额来划分家庭农场类型,年销售额高于25万美元的农场为大型家庭农场,其中包括大型家庭农场和超大型家庭农场;年销售额低于25万美元的为小型家庭农场,其中包括资源有限型、退休休闲型、居住生活型和耕种型四种类型。澳大利亚依据土地经营规模来划分家庭农场类型,土地经营规模在150~200公顷(2 250~3 000亩)的农场为小型家庭农场;土地经营规模在300~800公顷(4 500~12 000亩)的农场为中型农场;土地经营规模在1 000公顷或数千公顷甚至数万公顷的农场为大型农场。

(三) 家庭农场的相关政策法规

2014年9月29日中央全面深化改革领导小组召开第五次会议指出现阶段深化农村土地制度改革,要更多考虑推进中国农业现代化问题,既要解决好农业问题,也要解决好农民问题,走出一条具有中国特色农业现代化道路:在坚持农村土地集体所有的前提下,促使承包权和经营权分离,形成所有权、承包权、经营权三权分设,经营权流转的格局。要让农民成为土地适度规模经营的积极参与者和真正受益者。这为我国在新形势下创新农业经营体制、推动中国特色家庭农场发展指明了方向。

2014年《关于促进家庭农场发展的指导意见》,进一步促进了家庭农场的发展和规范,其内容主要从家庭农场的管理服务、社会化服务和人才支撑政策等方面做出规定。

一是探索建立家庭农场管理服务制度。为增强扶持政策的精准性、指向性,县级农业部门要建立家庭农场档案,县以上农业部门可从当地实际出发,明确家庭农场认定标准,对经营者资格、劳动力结构、收入构成、经营规模、管理水平等提出相应的要求。各地要积极开展示范家庭农场创建活动,建立和发布示范家庭农场名录,引导和促进家庭农场提高经营管理水平。依照自愿原则,家庭农场可自主决定办理工商注册登记,以取得相应市场主体资格。

二是引导承包土地向家庭农场流转。健全土地流转服务体系,为流转双方提供信息发布、政策咨询、价格评估、合同签订指导等便捷服务。引导和鼓励家庭农场经营者通过实物计租、货币结算、租金动态调整、土地经营权入股、保底分红等利益分配方式,稳定土地流转关系,形成适度的土地经营规模。鼓励有条件的地方将土地确权登记、互换并地与农田基础设施建设相结合,整合高标准农田建设等项目资金,建设连片成方、旱涝保收的农田,引导资金流向家庭农场等新型经营主体。

三是落实对家庭农场的相关扶持政策。各级农业部门将家庭农场纳入现有农业政策扶持范围,并予以一定的政策倾斜,重点支持家庭农场稳定经营规模、改善生产条件、提高技术水平、改进经营管理等;加强与有关部门沟通协调,推动落实涉农建设项目、财政补贴、税收优惠、信贷支持、抵押担保、农业保险、设施用地等相关政策,帮助解决家庭农场发展中遇到的困难和问题。

四是强化面向家庭农场的社会化服务。基层农业技术推广机构要把家庭农场作为重要服务对象,有效提供农业技术推广、优良品种引进、动植物疫病防控、质量检测检验、农资供应和市场营销等服务,支持有条件的家庭农场建立试验示范基地,担任农业科技示范户,参与实施农业技术推广项目引导和鼓励各类农业社会化服务组织开展面向家庭农场的代耕代种代收、病虫害统防统治、肥料统配统施、集中育苗育秧、灌溉排水、贮藏保鲜等经营性社会化服务。

五是完善家庭农场人才支撑政策。各地要加大对家庭农场经营的培训力度,确立培训目标、丰富培训内容、增强培训实效,有计划地开展相关培训。要完善相关政策措施,鼓励中高等学校特别是农业职业院校毕业生、新型农民和农村实用人才、务工经商返乡人员等兴办家庭农场。将家庭农场经营者纳入新型职业农民,农村实用人才、"阳光工程"等培育计划。完善农业职业教育制度,鼓励家庭农场经营者通过多种形式参加中高等职业教育以提高学历层次,取得职业资格证书或农民技术职称。

六是引导家庭农场加强联合与合作。引导从事同类农产品生产的家庭通过组建协会等方式,加强相互交流与联合。鼓励家庭农场牵头或参与组建合作社,带动其他农户共同发展。鼓励工商企业通过订单农业、示范基地等方式,与家庭农场建立稳定的利益联结机制,提高农业组织化程度。

七是加强组织领导。各级农业部门要深入调查研究,积极向党委、政府反映情况、提出建议,研究制定本地区促进家庭农场发展的政策措施,加强与发改、财政、工商、国土、金融、保险等部门协作配合,形成工作合力,共同推进家庭农场健康发展。要加强对家庭农场财务管理和经营指导,做好家庭农场统计调查工作。及时总结家庭农场发展过程中的好经验、好做法,充分运用各类新闻媒体加强宣传,营造良好社会氛围。

二、农民合作社

(一) 农民合作社的概念

"合作"的原意是指成员之间的共同行动和协作行动。合作具有自愿性、自主性和自助性,也就是说,它是合作组织成员为了共同目的,自己动手互相帮助的一种合作。《中华人民共和国农民专业合作社法》(以下简称《农民专业合作社法》)规定,农民专业合作社是在农村家庭承包经营的基础上,同类农产品的生产经营者或者同类农业生产经营服务的提供者、利用者,自愿联合、民主管理的互助性经济组织。农民合作社以其成员为主要服务对象,提供农业生产资料的购买,农产品的销售、加工、运输、贮藏以及与农业生产经营有关的技术、信息等服务。这一定义肯定了农民专业合作社是建立在家庭承包经营的基础上,农民专业合作社的建立不是对家庭承包经营的否定;同类农产品的生产经营者或者同类农业生产经营的服务者由于有不同的利益诉求,更容易走到一起;自愿联合、民主管理突出强调了农民专业合作社建立和管理的基本原则;将农民专业合作社定义为互助性的经济组织,意味着合作社是企业,在互助的基础上为社员提供服务,阐明了农民专业合作社是与股份制企业相区别的企业。

（二）农民合作社相关政策法规

2006年10月31日，第十届全国人民代表大会常务委员会第二十四次会议通过《中华人民共和国农民专业合作社法》，对支持、引导农民专业合作社的发展，规范农民专业合作社的组织行为，保护农民专业合作社及其社员的合法权益，促进农业和农村经济的发展起到重要作用。2017年12月27日第十二届全国人民代表大会常务委员会第三十一次会议对该法进行了修订。修订后的新合作社法自2018年7月1日起施行。重点修改内容体现在以下几个方面。

1. 提升了合作社主体地位

修改后规定"国家保障农民专业合作社享有与其他市场主体平等的法律地位"。这一点极大地保护了农民专业合作社及成员权利，做到有法可依。比如，修改内容中所言："农民专业合作社可以依法向公司等企业投资"，正是市场中一般企业重要的市场特征的体现，是保障农民专业合作社享有与其他市场主体平等的法律地位的重要体现。

2. 增加了出资形式

关于出资形式进行了修改，如"农民专业合作社成员可以用土地经营权、林权等可以用货币估价并可以依法转让的非货币财产出资"。也就是说，出资形式只要符合章程规定、全体成员认可、符合法律和行政法规规定就都可以。这点明确了成员可以用土地经营权等财产作价出资，体现了出资的多样性，进一步强化了对农民专业合作社及其成员权益的保护措施，增加了对农民专业合作社的扶持措施，有利于提高农户投资的积极性。

3. 完善了盈余分配

修改对成员新入社和除名、盈余分配，以及对法律责任等内容的有关条款都作了完善，还对成员除名情形程序予以完善，规定："农民专业合作社成员不遵守农民专业合作社的章程、成员大会或者成员代表大会的决议，或者严重危害成员及农民专业合作社利益的，可以予以除名。"

4. 增加了农民专业合作社联合社

农民专业合作社按照自愿、平等、互利的原则设立联合社，是世界各国合作社发展的普遍做法。目前，我国已经有农民专业合作社联合社7 200多家，涵盖农民专业合作社9.4万多个，带动农户超过了560万户。修改后增加了联合社理事长、理事应当由成员选派的人员担任的内容；明确农民专业合作社联合社的成员大会选举和表决，实行一社一票。这一点有利于规范农民专业合作社的组织和行为，为完善农民专业合作社的法律制度，进一步鼓励、支持、引导农民专业合作社的发展提供了条件。

5. 扩大了经营范围

为适应各种类型的农民专业合作社并行发展，从专业化基础向综合化方向发展的趋势，以及农民对各类合作社提供服务的需求日益多元，不局限于同类农产品或者同类农业生产经营服务的范围，新的农民专业合作社法取消了有关"同类"农产品或者"同类"农业生产经营服务中的"同类"的限制，扩大了法律的调整范围，同时以列举的方式明确了农民专业合作社经营和服务的业务范围。

6. 进一步规范了农民专业合作社的组织和行为

修改后,在规范农民专业合作社的组织和行为方面做了一些补充和完善,比如明确规定农民专业合作社连续两年未从事经营活动的,可吊销其营业执照,专业合作社应当按照国家有关规定向登记机关报送年度报告,并向社会公示。另外,对法律责任等有关内容也做了相应的补充和完善。

三、农业社会化服务组织

(一)农业社会化服务组织的内涵

2006年"中央一号文件"第29条提出,"培育农村新型社会化服务组织,在继续增强农村集体经济实力和服务功能、发挥国家基层经济技术服务部门作用的同时,要鼓励、引导和支持农村发展各种新型的社会化服务组织,推动农产品行业协会发展,引导农业生产者和农产品加工、出口企业加强行业自律——搞好信息服务,维护成员权益。鼓励发展农村法律、财务等中介组织,为农民发展生产经营和维护合法权益提供有效服务"。

农业社会化服务组织指的是与农业相关的社会经济组织,为满足农业生产的需要,为农业生产的经营主体提供各种服务而形成的社会经济组织。农业社会化服务组织是农业内部分工扩大的结果,是农业生产商品化、市场化发展到一定程度的表现。发展农业社会化服务组织,是要在农户分散供给与市场集中需求之间建立起沟通的桥梁与纽带,为小生产走向大市场提供载体与中介——农业社会化服务组织的形成,不仅有利于提高农业生产效率、缓解农民小规模生产与大市场之间的矛盾,还能促进先进农业技术的推广与传播,可以促进我国农业早日实现现代化。

(二)农业社会化服务组织的特征

农业社会化服务组织从形成发展至今,形成了以下几个明显的特征。

1. 服务性质社会化

农业作为社会经济再生产的一个基本环节,其再生产过程不仅依靠农业生产经营者本身,还需要其他生产部门所提供的服务。农业社会化服务组织所提供的服务完全不同于自然经济条件下农民的自我服务,而是农业生产力和商品经济发展到一定阶段的必然产物,是以商品交换为基础的。因此,农业社会化服务具有社会化的性质。

2. 服务主体多元化

农业社会化服务组织服务主体是多元化的,包括政府及涉农事业单位(如各级农业技术推广站、水利站、水产站等)、村集体经济组织、农业院校、农业科研院所等教育及科研单位,金融、物资、外贸等部门,合作经济组织及涉农企业等。

服务主体多元化具体体现为以下4个方面:农业公共服务机构逐步健全、经营性服务组织迅速发展、农业专业合作组织快速壮大、科研院所社团组织主动参与。首先,中国按行政体制,建立了从中央到地方的各级农业技术服务中心、服务站,形成了从中央到乡镇的五级政府公益性服务组织,在村一级也建立了科技组和科技示范户。其次,农资供销服务体系建设也不断完善,流通渠道多样化,基本形成了由供销社农资公司、农资生产企业、农业"三站"(农技站、植保站、农机站)、种子公司、个体工商户等多元市场主体共同参与经营的农资供应格局。再次,专业合作社服务领域不断拓展,涉及信息服务、农技推广、土肥植保、加工储藏、流通销售、金融担保等各个环节,服务能力稳步提升。最后,全国涉农林科研院所和高等院校通过建立产学研示范基地、教授工作站、科技小院等多种形式,加强与基层的技术和成果对接,通过基地的示范带动,提供种苗、技术、管理等综合服务,取得了良好的效果。

3. 服务内容系统化

在服务内容上,社会化服务组织不仅提供农资、机耕、植保、机收、加工运输、农产品销售等专项服务,还提供技术、信息、金融、保险、经纪等综合性服务,且越来越多的从简单专项服务向内容全面、形式多样的综合性服务转变。各农业社会化服务主体在农业产前、产中、产后的服务上与农户经营有机结合,促进了农业生产效率的提高。农业社会化服务组织所包括的服务内容是系统、全面的,覆盖了农业生产经营的全过程,包括种子、化肥、农机等生产物资的供应,良种推广、动植物疫病防疫等技术服务,农户资金借贷、农业生产保险等金融服务,农业气象、农产品价格、政策等方面的信息服务,农产品的包装、储运、加工及销售,道路、水利等基础设施建设,农产品质量安全监管等。

4. 服务内容多样化

随着农业分工的演进,农业生产已经被划分为许多细小的运行单元,为满足农户服务需求的多样化要求,农业社会化服务组织的服务内容也逐步多样化。

5. 服务模式新型化

改革开放40多年来,各服务主体立足本地实际,在农业产前、产中、产后的服务上与农民经营有机结合,创新出了丰富、高效的农业社会化服务模式。

(三) 农业社会化服务组织相关政策法规

近年来,在各级政策各部门的引导和推动下,农业社会化服务不断探索创新、蓬勃发展,对巩固完善农村基本经营制度、保障粮食安全和重要农产品有效供给、促进农业稳定发展发挥了重要作用。但与加快推进农业现代化的要求相比,农业社会化服务还面临着产业规模不大、能力不强、领域不宽、质量不高、引导支持力度不够等问题,迫切需要加快发展,不断提升其服务能力和水平,进一步引领小农户进入现代农业发展的轨道。

2021年7月,农业农村部印发《关于加快发展农业社会化服务的指导意见》提出大力发展多元化、多层次、多类型的农业社会化服务,力争经过5~10年的努力,基本形成组织结构合理、专业水平较高、服务能力较强、服务行为规范、全产业链覆盖的农业社会化服务体系,为全面推进乡村振兴、加快农业农村现代化提供有力支撑。《关于加快发展农业社会化服务的指导意见》明确了发展农业社会化服务的六项主要任务:一是推动共同发展。不同服务主体各具优势、各有所长,要推动各尽其能、共同发展。二是拓展服务领域。在重点做好粮棉油糖等主要农产品生产和关键薄弱环节服务的基础上，推动服务领域向果、菜、茶等经济作物、养殖业拓展，服务环节向产前、产后延伸。三是创新服务机制。鼓励服务主体因地制宜发展单环节、多环节、全程生产托管等服务模式，大力推广"服务主体+农村集体经济组织+农户""服务主体+各类新型经营主体+农户"等组织形式，采取"农资+服务""科技+服务""互联网+服务"等方式，促进技物结合、技服结合。四是推进资源整合。以盘活存量设施、装备、技术、人才及各类主体为重点，探索建设多种类型的农业综合服务中心，围绕农业全产业链提供农业生产经营的综合解决方案。五是提升科技水平。推动服务与科技深度融合，引导服务主体充分利用大数据、人工智能等信息技术手段，提升农业的信息化、智能化水平。六是强化行业指导。通过健全服务标准、加强价格监测、强化合同监管、规范服务行为、建立行业自律组织等，促进其规范发展。

2021年8月，农业农村部办公厅为落实农业农村部《关于加快发展农业社会化服务的指导意见》要求，进一步探索农业社会化服务引领支撑农业现代化发展的有效路径和方法，在全国开展农业社会化服务创新试点工作。试点的目的是以推动农业高质量发展为主题，以促进小农户和现代农业有机衔接为主线，以培育农业服务业战略性大产业为目标，鼓励地方因地制宜开展试点，积极探索和创新农业社会化服务的业态、模式、机制，着力打造一批创新基地，培育一批创新组织，形成一批创新模式，树立发展农业社会化服务的行业标杆和县域样板，以点带面、示范引导农业社会化服务加快推进，更好地引领小农户和农业现代化发展，试点重点围绕农业社会化服务创新试点县和试点组织两个层面的任务开展，农业社会化服务创新试点县要求应具备较好的农业社会化服务工作基础，组织领导能力较强，服务组织多元，服务机制成熟，行业运行规范，农业服务业具有一定规模。农业社会化服务创新试点组织要求应具备较强的服务能力、较大的服务规模，拥有相匹配的服务设施装备和专业服务人员，在农民和行业中享有良好的信誉。

第三章　农业土地政策

第一节　农业土地所有权政策

一、农业土地所有权的概念

农业用地是指直接或间接用于农业生产的土地。按照其用途，农业用地可分为耕地、园地、林地、草地、池塘、沟渠、田间道路和其他生产性建筑用地。其中耕地、园地、林地、草地是农业用地中最主要的土地类型。

农业用地所有权是指农业用地的土地所有者为实现农业生产的目的，对土地所享有的占有、使用、收益和处分的权利。

二、农业土地所有权的类型

新中国成立后，废除了土地私有制，经过社会主义改造和农业合作化，建立了两种所有制形式并存的社会主义土地公有制，并在法律上确认下来，形成了国家土地所有权和集体土地所有权。土地所有权受国家法律的保护，任何单位和个人不得侵犯，自然人不能成为土地所有权的主体。土地所有权的行使必须符合国家法律的有关规定。中华人民共和国是国家土地所有权的统一和唯一的主体，由其代表全体人民对国有土地享有独占性支配的权利。

（一）国有制土地

全民所有制土地是指土地归国家所有，其主体是具有法人资格的国家。根据2019年修改的《土地管理法》第二条第二款规定："全民所有，即国家所有土地的所有权由国务院代表国家行使。"第五条规定："国务院土地行政主管部门统一负责全国土地的管理和监督工作，县级以上地方人民政府土地行政主管部门的设置及其职责，由省、自治区、直辖市人民政府根据国务院有关规定确立。"第十三条规定："国家所有依法用于农业的土地可以由单位或者个人承包经营，从事种植业、林业、畜牧业、渔业生产。"按照我国法律，土地所有权禁止转让；国有土地既不能转归私人所有，也不能转归农民集体所有。国家只能通过划拨、出让、出租等方式将国有土地使用权授予公民、法人或其他组织。

（二）集体所有制土地

由于我国农村中客观存在多种形式的集体组织，按集体土地所有权主体进行划分，农业用地集体所有权的体现包括以下几种类型。

1. 村农民集体

由村农民集体经济组织或村民委员会经营、管理,这是现阶段农场集体土地所有权主体的主要类型。

2. 乡(镇)农民集体

如果土地已经属于乡(镇)农民集体所有的,可以由乡(镇)农民集体所有,由乡(镇)农民集体经济组织经营、管理,由于我国农村客观存在着少数原来已经公社化的土地,同时农林渔场的土地以及某些工业企业使用的土地大多属于乡(镇)所有,因此由乡(镇)行使所有权较为现实、妥当。

3. 村内多个农民集体

如果村内有两个以上农村集体经济组织,如多个村民小组等,而土地已经属于这些集体所有,集体土地可以归该组织农民所有,并由该组织经营和管理。

《土地管理法》第九条规定:"农村和城市郊区的土地,除由法律规定属于国家所有的以外,属于农民集体所有;宅基地和自留地、自留山属于农民集体所有。"第十一条规定:"农民集体所有的土地依法属于村农民集体所有的,由村集体经济组织或者村民委员会经营、管理;已经分别属于村内两个以上农村集体经济组织的农民集体所有的,由村内各该农村集体经济组织或者村民小组经营、管理;已经属于乡(镇)农民集体所有的,由乡(镇)农村集体经济组织经营、管理。"农业用地集体所有权主体是村民小组和村、乡三级农民集体经济组织。

三、农业土地所有权的现行政策与法规

根据《土地管理法》中的相关规定,农村和城市郊区的农业土地,除由法律规定属于国家所有的以外,均属于农民集体所有。农业用地集体所有权主体是村民小组和村、乡三级农民集体经济组织。

《民法典》规定,对于集体所有的土地和森林、山岭、草原、荒地、滩涂等,依照下列规定行使所有权:

(1)属于村农民集体所有的,由村集体经济组织或者村民委员会依法代表集体行使所有权;

(2)分别属于村内两个以上农民集体所有的,由村内各该集体经济组织或者村民小组依法代表集体行使所有权;

(3)属于乡镇农民集体所有的,由乡镇集体经济组织代表集体行使所有权。

2016年《关于完善农村土地所有权承包权经营权分置办法的意见》中明确指出:"农村土地农民集体所有,是农村基本经营制度的根本,必须得到充分体现和保障,不能虚置,土地集体所有权人对集体土地依法享有占有、使用、收益和处分的权利。"

2019年中央一号文件明确规定:"坚持农村土地集体所有、不搞私有化。"

第二节 农业土地使用权政策

一、农业土地使用权的概念

农用土地使用权指联产承包地的使用权,即由集体或者个人承包经营从事农、林、牧、渔业生产所取得的使用权。农用土地使用权一般是以户为单位,并由户主与集体土地所有权人(发包方)签订的承包合同为依据取得的。土地承包依照法律规定可以转让、转包,转包合同的签订必须由发包方参加,即取得发包商的同意。

农业生产用地的承包经营权是指集体或者个人通过承包、转包等形式依法取得的,使用农民集体或国家所有土地从事广义农业生产的权利。它是一种使用土地的特定形式,它以合同的方式使用土地,是不经政府确定的一种使用权。我国实行土地用途管制制度,限制将农用地和未利用地转变为建设用地。

二、农业土地使用权的类型

(一) 国有农业用地使用权

国有农业土地使用权主体是国有农场、国有林场等法人单位。

《土地管理法》对我国农村国有土地作了如下规定:

第九条 城市市区的土地属于国家所有。

农村和城市郊区的土地,除由法律规定属于国家所有的以外,属于农民集体所有;宅基地和自留地、自留山,属于农民集体所有。

第十条 国有土地和农民集体所有的土地,可以依法确定给单位或者个人使用。使用土地的单位和个人,有保护、管理和合理利用土地的义务。

第十一条 农民集体所有的土地依法属于村农民集体所有的,由村集体经济组织或者村民委员会经营、管理;已经分别属于村内两个以上农村集体经济组织的农民集体所有的,由村内各该农村集体经济组织或者村民小组经营、管理;已经属于乡(镇)农民集体所有的,由乡(镇)农村集体经济组织经营、管理。

第十二条 土地的所有权和使用权的登记,依照有关不动产登记的法律、行政法规执行。

依法登记的土地的所有权和使用权受法律保护,任何单位和个人不得侵犯。

第十三条 农民集体所有和国家所有依法由农民集体使用的耕地、林地、草地,以及其他依法用于农业的土地,采取农村集体经济组织内部的家庭承包方式承包,不宜采取家庭承包方式的荒山、荒沟、荒丘、荒滩等,可以采取招标、拍卖、公开协商等方式承包,从事种植业、林业、畜牧业、渔业生产。家庭承包的耕地的承包期为三十年,草地的承包期为三十年至五十年,林地的承包期为三十年至七十年;耕地承包期届满后再延长三十年,草地、林地承包期届满后依法相应延长。

国家所有依法用于农业的土地可以由单位或者个人承包经营,从事种植业、林业、畜牧业、渔业生产。

发包方和承包方应当依法订立承包合同，约定双方的权利和义务。承包经营土地的单位和个人，有保护和按照承包合同约定的用途合理利用土地的义务。

第十四条 土地所有权和使用权争议，由当事人协商解决；协商不成的，由人民政府处理。

单位之间的争议，由县级以上人民政府处理；个人之间、个人与单位之间的争议，由乡级人民政府或者县级以上人民政府处理。

当事人对有关人民政府的处理决定不服的，可以自接到处理决定通知之日起三十日内，向人民法院起诉。

在土地所有权和使用权争议解决前，任何一方不得改变土地利用现状。

（二）集体所有制农业用地使用权

结合我国集体土地所有权的变革和农村经济体制改革的实际，根据土地管理法的规定，农村集体所有的土地使用包括以下几种情形。

（1）农民集体所有的土地依法属于村农民集体所有的，由村集体经济组织经营、管理。

（2）在村集体经济组织不健全的地方，村农民集体所有的土地由村民委员会经营、管理。

（3）已经分别属于村内两个以上农村集体经济组织的农民集体所有的用地，由各村集体经济组织或者村民小组经营、管理。

（4）已经属于乡（镇）农民集体所有的，由乡（镇）农村集体经济组织经营、管理。

三、我国农业土地使用权的政策

党的十八大之后提出农村土地"三权分置"制度。实行家庭承包经营后，农民集体拥有土地所有权，农户家庭拥有承包经营权，实现了所有权和承包经营权"两权分离"。随着工业化、城镇化深入推进，大量农业人口转移到城镇，农村土地流转规模不断扩大，新型农业经营主体蓬勃发展，土地承包权主体同经营权主体分离的现象越来越普遍。2013年7月，习近平总书记在武汉农村综合产权交易所调研时指出，深化农村改革，完善农村基本经营制度，要好好研究农村土地所有权、承包权、经营权三者之间的关系。在2013年的中央农村工作会议上指出，顺应农民保留土地承包权、流转土地经营权的意愿，把农民土地承包经营权分为承包权和经营权，实现承包权和经营权分置并行，这是我国农村改革的又一次重大创新。党的十八届五中全会明确要求，完善土地所有权、承包权、经营权分置办法。2016年，中共中央办公厅、国务院办公厅印发《关于完善农村土地所有权承包权经营权分置办法的意见》（以下简称2016年《意见》），对"三权分置"作出系统全面的制度安排。实行"三权分置"，坚持集体所有权，稳定农户承包权，放活土地经营权，实现了农民集体、承包农户、新型农业经营主体对土地权利的共享，为促进农村资源要素合理配置、引导土地经营权流转、发展多种形式适度规模经营奠定了制度基础，使我国农村基本经营制度焕发出新的生机和活力。

四、农业土地使用权的承包

我国实行农业土地承包经营制度，根据 2018 年 12 月修订的《中华人民共和国农村土地承包法》规定，农业土地承包后，土地的所有权性质不变。承包地不得买卖。农业土地承包实质上是对农业土地使用权的承包。

（一）农业土地使用权承包的范围

农业土地承包采取农村集体经济组织内部的家庭承包方式，不宜采取家庭承包方式的荒山、荒沟、荒丘、荒滩等农业土地，可以采取招标、拍卖、公开协商等方式承包。

农民集体所有和国家所有依法由农民集体使用的耕地、林地、草地，以及其他依法用于农业的土地。

农村集体经济组织成员有权依法承包由本集体经济组织发包的农业土地。任何组织和个人不得剥夺和非法限制农村集体经济组织成员承包土地的权利。

承包方承包土地后，享有土地承包经营权，可以自己经营，也可以保留土地承包权，流转其承包地的土地经营权，由他人经营。

国家保护承包方依法、自愿、有偿流转土地经营权，保护土地经营权人的合法权益，任何组织和个人不得侵犯。

农业土地承包经营应当遵守法律、法规，保护土地资源的合理开发和可持续利用。未经依法批准不得将承包地用于非农建设。

国家鼓励增加对土地的投入，培肥地力，提高农业生产能力。

（二）发包方和承包方的权利和义务

农民集体所有的土地依法属于村农民集体所有的，由村集体经济组织或者村民委员会发包。已经分别属于村内两个以上农村集体经济组织的农民集体所有的，由村内各村集体经济组织或者村民小组发包。村集体经济组织或者村民委员会发包的，不得改变村内各集体经济组织农民集体所有的土地的所有权。

国家所有依法由农民集体使用的农业土地，由使用该土地的农村集体经济组织、村民委员会或者村民小组发包。

1. 发包方享有的权利

（1）发包本集体所有的或者国家所有依法由本集体使用的农村土地；
（2）监督承包方依照承包合同约定的用途合理利用和保护土地；
（3）制止承包方损害承包地和农业资源的行为；
（4）法律、行政法规规定的其他权利。

2. 发包方承担的义务

（1）维护承包方的土地承包经营权，不得非法变更、解除承包合同；
（2）尊重承包方的生产经营自主权，不得干涉承包方依法进行正常的生产经营活动；
（3）依照承包合同约定为承包方提供生产、技术、信息等服务；

（4）执行县、乡（镇）土地利用总体规划，组织本集体经济组织内的农业基础设施建设；

（5）法律、行政法规规定的其他义务。

家庭承包的承包方是本集体经济组织的农户。农户内家庭成员依法平等享有承包土地的各项权益。

3. 承包方享有的权利

（1）依法享有承包地使用、收益的权利，有权自主组织生产经营和处置产品；

（2）依法互换、转让土地承包经营权；

（3）依法流转土地经营权；

（4）承包地被依法征收、征用、占用的，有权依法获得相应的补偿；

（5）法律、行政法规规定的其他权利。

4. 承包方承担的义务

（1）维持土地的农业用途，未经依法批准不得用于非农建设；

（2）依法保护和合理利用土地，不得给土地造成永久性损害；

（3）法律、行政法规规定的其他义务。

（三）农业土地使用权承包的原则和程序

1. 承包原则

（1）按照规定统一组织承包时，本集体经济组织成员依法平等地行使承包土地的权利，也可以自愿放弃承包土地的权利；

（2）民主协商，公平合理；

（3）承包方案应当按照本法第十三条的规定，依法经本集体经济组织成员的村民会议2/3以上成员或者2/3以上村民代表的同意；

（4）承包程序合法。

2. 承包程序

（1）本集体经济组织成员的村民会议选举产生承包工作小组；

（2）承包工作小组依照法律、法规的规定拟订并公布承包方案；

（3）依法召开本集体经济组织成员的村民会议，讨论通过承包方案；

（4）公开组织实施承包方案；

（5）签订承包合同。

（四）农业土地使用权承包的期限与合同

1. 承包期限

根据2018年修订的《农村土地承包法》规定，耕地的承包期为30年。草地的承包期为30年至50年。林地的承包期为30年至70年。2018年之前所承包的耕地承包期届满后再延长30年，草地、林地承包期届满后依照相应规定相应延长。

2. 承包合同

发包方应当与承包方签订书面承包合同。承包合同自成立之日起生效。承包方自承包合同生效时取得土地承包经营权。

国家对耕地、林地和草地等实行统一登记，登记机构应当向承包方颁发土地承包经营权证或者林权证等证书，并登记造册，确认土地承包经营权。

土地承包经营权证或者林权证等证书应当将具有土地承包经营权的全部家庭成员列入。登记机构除按规定收取证书工本费外，不得收取其他费用。

承包合同生效后，发包方不得因承办人或者负责人的变动而变更或者解除，也不得因集体经济组织的分立或者合并而变更或解除。

国家机关及其工作人员不得利用职权干涉农村土地承包或者变更、解除承包合同。承包合同一般包括以下条款：

(1) 发包方、承包方的名称，发包方负责人和承包方代表的姓名、住所；
(2) 承包土地的名称、坐落、面积、质量等级；
(3) 承包期限和起止日期；
(4) 承包土地的用途；
(5) 发包方和承包方的权利和义务；
(6) 违约责任。

五、农业土地使用权的流转

农业土地流转包括农业土地所有权流转和农业土地使用权流转，农业土地流转政策是关于农业土地所有权和使用权转移的规范。《土地管理法》禁止土地买卖和实行农业土地双层经营体制，因此，在我国农业土地流转专指农户承包地使用权流转。

(一) 农业土地使用权流转的内涵

农业土地使用权流转是指拥有土地承包经营权的农户将土地经营权（使用权）转让给其他农户或经济组织，即保留承包权，转让使用权。

(二) 农村土地使用权流转的模式

1. 互换

互换土地，是农村集体经济组织内部的农户，为方便耕种和各自的需要，对各自土地承包经营权进行的简单交换，是促进农村规模化、产业化、集约化经营的必由之路。30多年前，中国农村实行家庭联产承包责任制，农民分到了土地，但由于土地肥瘦不一，大块的土地被分割成条条块块。划分土地时留下的种种弊病，严重制约着生产力的发展和产量的提升。为了让土地集中连片，实现规模化、集约化经营，互换这种最为原始的交易方式，进入农民的视野。

2. 交租

在市场利益驱动和政府引导下，农民将其所承包土地的经营权出租给大户、业主或企业法人等承租方，出租的期限和租金支付方式由双方自行约定，承租方获得一定期限的土地经营权，出租方按年度以实物或货币的形式获得土地经营权租金。其中，有大户承租型、公司租赁型、反租倒包型等。

3. 入股

入股，也称"股田制"或股份合作经营，是指在坚持承包户自愿的基础上，将所承包土地的经营权作价入股，建立股份公司。在土地入股过程中，实行农村土地经营的双向选择（农民将土地入股给公司后，既可继续参与土地经营，也可不参与土地经营），农民凭借土地承包权可拥有公司股份，并可按股分红。该形式的最大优点在于产权清晰、利益直接，以价值形态把农户的土地承包经营权长期确定下来，农民既是公司经营的参与者，也是利益的所有者。该模式是当前农村土地使用权流转机制的新突破。

4. 宅基地换住房，承包地换社保

以重庆为例，2007年被国家批准为统筹城乡综合配套改革试验区后，重庆在土地改革领域率先进行大胆探索，创造了土地流转的九龙坡模式，即宅基地换住房、承包地换社保。也就是说，农民放弃农村宅基地，宅基地被置换为城市发展用地。农民放弃农村土地承包经营权，农民在城里获得一套住房，享受城市社保，建立城乡统一的公共服务体制。

5. 股份合作

山东省宁阳县探索土地承包经营权流转新机制，建立起"股份合作"的土地流转分配方式。这种模式是农户以土地经营权为股份共同组建合作社。村里按照"群众自愿、土地入股、集约经营、收益分红、利益保障"的原则，引导农户以土地承包经营权入股。合作社按照民主原则对土地统一管理，不再由农民分散经营，而是挂靠在龙头企业进行生产经营。合作社实行按土地保底和按效益分红的方式，年度分配时，首先支付社员土地保底收益每股（亩）700元，留足公积公益金、风险金，然后再按股进行二次分红。

（三）农业土地使用权流转的现行政策

1. 农业土地使用权流转原则

《农村土地经营权流转管理办法》第十四条规定："承包方可以采取出租（转包）、入股或者其他符合有关法律和国家政策规定的方式流转土地经营权。"

《中华人民共和国农村土地承包法》第三十二条规定："通过家庭承包取得的土地承包经营权可以依法采取转包、出租、互换、转让或者其他方式流转。"第三十三条规定：土地承包经营权流转应当遵循以下原则：

（1）平等协商、自愿、有偿，任何组织和个人不得强迫或者阻碍承包方进行土地承包经营权流转；

（2）不得改变土地所有权的性质和土地的农业用途；

（3）流转的期限不得超过承包期的剩余期限；

（4）受让方须有农业经营能力；

（5）在同等条件下，本集体经济组织成员享有优先权。

2. 农业土地使用权流转合同

根据《农村土地承包法》与《农村土地经营权流转管理办法》的规定，土地经营

权采取转包、出租、互换、转让或者其他方式流转，当事人双方应当签订书面合同。采取转让方式流转的，应当经发包方同意；采取转包、出租、互换或者其他方式流转的，应当报发包方备案。农村土地经营权流转合同示范文本由农业农村部确定。

土地承包经营权流转合同一般包括以下条款：
（1）双方当事人的姓名、住所、联系方式等；
（2）流转土地的名称、坐落、面积、质量等级、土地类型、地块代码等；
（3）流转的期限和起止日期；
（4）流转方式；
（5）流转土地的用途；
（6）双方当事人的权利和义务；
（7）流转价款或者股份分红，以及支付方式和支付时间；
（8）合同到期后地上附着物及相关设施的处理；
（9）土地被依法征收、征用、占用时有关补偿费的归属；
（10）违约责任。

因此，根据上述法律、法规的规定，农村土地流转需要订立合同，根据不同的流转方式需要经过发包方同意或备案。同时，对于农村土地流转合同的内容也有要求，双方当事人应当按照法律规定，以合法的方式签订合同。

3. 社会资本进行农业土地使用权流转的审核程序

县级以上地方人民政府对工商企业等社会资本流转土地经营权，依法建立分级资格审查和项目审核制度。审查审核的一般程序如下：

（1）受让主体与承包方就流转面积、期限、价款等进行协商并签订流转意向协议书，涉及未承包到户集体土地等集体资源的，应当按照法定程序经本集体经济组织成员的村民会议2/3以上成员或2/3以上村民代表的同意，并与集体经济组织签订流转意向协议书。

（2）受让主体按照分级审查审核规定，分别向乡（镇）人民政府农村土地承包管理部门或者县级以上地方人民政府农业农村主管（农村经营管理）部门提出申请，并提交流转意向协议书、农业经营能力或者资质证明、流转项目规划等相关材料。

（3）县级以上地方人民政府或者乡（镇）人民政府应当依法组织相关职能部门、农村集体经济组织代表、农民代表、专家等就土地用途、受让主体农业经营能力，以及经营项目是否符合粮食生产等产业规划进行审查审核，并于受理之日起20个工作日内作出审查审核意见。

（4）审查审核通过的，受让主体与承包方签订土地经营权流转合同；未按规定提交审查审核申请或者审查审核未通过的，不得开展土地经营权流转活动。

第三节 新时期农村土地制度

一、承包地"三权分置"及其产权体系

所谓"三权分置"是在集体所有权和农户享有的土地承包经营权两权分置的基础

上,将农户享有的承包经营权进一步分为"承包权"和"经营权"。农户享有的承包权是基于成员权为基础的权利,只有具有集体成员的资格才拥有承包权,具有明显的社区封闭性和不可交易性。经营权是农户或者其他主体通过在农村土地上耕作获取收益的权利,是一种财产性的权利,具有可交易性,可以通过市场机制配置到有能力经营土地的人手中。

2019年中央一号文件明确规定:"完善落实集体所有权、稳定农户承包权、放活土地经营权的法律法规和政策体系。""三权分置"从一开始提出,就对农村土地集体所有权、农户承包权、经营权的产权边界提出了要求。下面将从构成产权的视角对"三权分置"进行分析。

(一)落实集体所有权

2016年中共中央办公厅、国务院办公厅印发《关于完善农村土地所有权承包权经营权分置办法的意见》(以下简称"2016年《意见》")中明确指出:"农村土地农民集体所有,是农村基本经营制度的根本,必须得到充分体现和保障,不能虚置,土地集体所有权人对集体土地依法享有占有、使用、收益和处分的权利。"2019年"中央一号文件"明确规定:"坚持农村土地集体所有、不搞私有化……"可以看出,国家相关权威文件都要求土地集体所有的性质坚决不能改变。就如何落实集体土地所有权,2016年《意见》中明确指出:"农民集体是土地集体所有权的权利主体,在完善'三权分置'办法过程中,要充分维护农民集体对承包地发包、调整、监督、收回等各项权能,发挥土地集体所有的优势和作用。"可以看出,集体充分享受承包地的发包、调整、监督和收回的权能,拥有法律意义上完整的权能。

集体所有权的"占有"权能体现在集体对承包权和经营权的监督、管理,在特定条件下收回承包经营权。集体尤其具有其他主体不具备的调整承包地、监督承包地按照集体要求经营的权能,2016年《意见》指出,"集体有权因自然灾害严重毁损等特殊情形依法调整承包地;有权对承包农户和经营主体使用承包地进行监督,并采取措施防止和纠正长期抛荒、毁损土地、非法改变土地用途等行为"。

集体对土地"使用"的权能主要体现在如果承包户成员之间转让承包权的,必须在集体备案;流转承包权的,也必须在集体备案,才有对抗第三方的法律效力。

集体对土地"收益"的权能主要体现在以下两点。一是国务院办公厅2014年出台的《关于引导农村土地经营权有序流转发展农业适度规模经营的意见》明确规定:"土地流转给非本村(组)集体成员或村(组)集体受农户委托统一组织流转并利用集体资金改良土壤、提高地力的,可向本集体经济组织以外的流入方收取基础设施使用及土地流转管理服务费,用于农田基本建设或其他公益性支出。"二是《意见》中指出"集体土地被征收的,农民集体有权就征地补偿安置方案等提出意见并依法获得补偿"集体才是土地征地收益的合法谈判人,享有谈判的权利。

集体对承包地的"处分"权能非常小。集体土地所有权不得买卖,承包地只有被动处分权,只有国家为了公共利益征收承包地时,集体才能服从国家征地要求,被动处分集体土地。2019年《土地管理法》第二条中明确规定:"国家为了公共利益的需要,可以依法对土地实行征收或者征用并给予补偿。"

此外，集体所有权有严格的边界限制。2016年《意见》要求集体需要"通过建立健全集体经济组织民主议事机制，切实保障集体成员的知情权、决策权、监督权，确保农民集体有效行使集体土地所有权，防止少数人私相授受、谋取私利。2019年中央一号文件明确规定集体对承包地的所有"不可以侵犯农户的承包权"。

（二）稳定农户承包权

2018年新修订的《农村土地承包法》第十条明确规定："国家保护承包方依法、自愿、有偿流转土地经营权，保护土地经营权人的合法权益，任何组织和个人不得侵犯。"2016年《意见》对农户承包权的"占有""使用""收益""处分"权能有明确的规定："在完善'三权分置'办法过程中，要充分维护承包农户使用、流转、抵押、退出承包地等各项权能。承包农户有权占有、使用承包地，依法依规建设必要的农业生产、附属、配套设施，自主组织生产经营和处置产品并获得收益；有权通过转让、互换、出租（转包）、入股或其他方式流转承包地并获得收益，任何组织和个人不得强迫或限制其流转土地；有权依法依规就承包土地经营权设定抵押、自愿有偿退出承包地，具备条件的可以因保护承包地获得相关补贴。承包土地被征收的，承包农户有权依法获得相应补偿，符合条件的有权获得社会保障费用等。不得违法调整农户承包地，不得以退出土地承包权作为农民进城落户的条件。"并且这些规定在2018年新修订的《农村土地承包法》中也得到法律的确认和保护。

从农户对承包权的"占有"权能来看，2017年党的十九大报告明确指出："保持土地承包关系稳定并长久不变，第二轮土地承包到期后再延长30年。"若从第一轮承包算起，农户家庭可以连续享受75年排他性承包权"占有"权能，而75年包括二轮承包剩下的期限和三轮承包全过程。

从农户对承包权的"使用"权能来看，在农户占有承包地期间，农户有权按照自己的意愿安排农业生产，并且在符合各项规定的基础上，可以建设必要的农业生产、附属、配套设施。

从"收益"权能来看，农户有自主组织农业生产、处置农产品获得收益的权利。此外，若承包地被征收，有权获得征地补偿，另外，农户充分享受退出承包权的共享收益。

从"处分"权能来看，承包农户有权通过转让、互换、出租（转包）、入股等其他方式流转承包地并获得收益，承包权可以对抗任何第三方对权利的干涉。并且，2014年中共中央办公厅、国务院办公厅印发的《关于引导农村土地经营权有序流转发展农业适度规模经营的意见》也明确提出："鼓励有条件的地方制定扶持政策，引导农户长期流转承包地并促进其转移就业。"即对于承包农户来说，相应政策在促进流转的同时，也会充分考虑其就业问题。

（三）保护土地经营权

经营主体依流转合同取得的土地经营权可以得到平等保护。土地经营权获取需要和承包户签订合同，其"占有"权能必须在合同约束的范围内。

《农村土地承包法》（2018年修正）第三十七条明确规定："土地经营权人有权在合同约定的期限内占有农村土地，自主开展农业生产经营并取得收益。"可以看出，土地经营权"占有"期限必须根据合同来定，在合同期限内，才具有享受自主安排农业生产的权能。此外，土地经营权"占有"的期限，必须在承包期的剩余期限内。

经营权的"使用"权能，主要体现在利用流转过来的土地进行生产经营。2016年《意见》指出："经承包农户同意，可依法依规改良土壤、提升地力，建设农业生产、附属、配套设施，并依照流转合同约定获得合理补偿……"，即流转主体有权利根据农业生产要求对土地进行改造。同时有权利"在流转合同到期后按照同等条件优先续租承包土地"。即流转的土地经营权有一定的续约权利。

土地经营权的"收益"权能主要体现在流转主体经营土地、获得农产品、自主处置农产品获得相应收益的权利。同时，流转主体获得经营农业、规模经营等国家补贴的权利。此外，经营主体为了农业生产，提升地力、修建相应建筑，有按照合同获得补偿的权利。

土地经营权的"处分"权能体现在合同期内的继续出租、转让、入股抵押、担保、贷款、继承。2016年《意见》明确提出："积极开展土地承包权有偿退出、土地经营权抵押贷款、土地经营权入股农业产业化经营等试点，总结形成可推广、可复制的做法和经验，在此基础上完善法律制度。"在试点区宁夏平罗县，土地经营权的抵押、担保、贷款、入股等权能体现的比较成熟，银行巧妙利用第三方经营的方式，顺利处理了经营权贷款违约。此外，2018年修订的《农村土地承包法》中用法律的形式，保障了经营权再流转、担保的权利。第四十六条规定："经承包方书面同意，并向本集体经济组织备案，受让方可以再流转土地经营权。"第四十七条："承包方可以用承包地的土地经营权向金融机构融资担保，并向发包方备案。受让方通过流转取得的土地经营权，经承包方书面同意并向发包方备案，可以向金融机构融资担保。"可以看出，经过承包方书面同意，经营权依然拥有合法的再流转、抵押的权利。

二、宅基地"三权分置"及其产权体系

宅基地是农村土地的重要组成部分，也是农村财产权利的主要来源。和承包地一样，在历史的大脉络中，宅基地的产权制度安排也呈现出从"两权分置"到"三权分置"的特征。2018年中央一号文件首次提出宅基地的"三权分置"，文件明确规定"完善农民闲置宅基地和闲置农房政策，探索宅基地所有权、资格权、使用权'三权分置'，落实宅基地集体所有权，保障宅基地农户资格权和农民房屋财产权，适度放活宅基地和农民房屋使用权。"即将宅基地的产权结构划分为所有权、资格权和使用权。

随着城市化进一步推进，农村空房率明显升高，尤其是一些自然资源条件较好的地区，闲置的农房是有潜在利用价值的资源。例如，浙江省象山市，是三面环海风景绝佳的旅游胜地，具有很高的开发价值，经过对宅基地"三权分置"改革，一些举家外迁的老人将农村老宅子出租给旅游公司，获得了一笔能够满足养老需要的资金支持。原来只有村集体成员才可以享受的宅基地使用权被进一步分解成"资格权"和"使用权"，2018年中央一号文件以及中共中央、国务院印发的《乡村振兴战略规划（2018—2022年）》中明确指出，"落实宅基地集体所有权，保障宅基地农户资格权和农民房屋财产权，适度放活宅基地和农民房屋使用权"。

(一) 落实宅基地集体所有权

自 1962 年以来，从法律上和政策上都明确规定，宅基地归农民集体所有。与此同时，社员长期免费享受使用权，从后来出现的"一户多宅"等现象可以看出，集体所有权的权能相对来说比较微弱。在农村人口结构不断变动的新时代背景下，农村住房交易机会增多，落实集体所有权权能显得更加重要。

集体所有权对宅基地的"占有"权能主要体现在对社员申请宅基地的批准权利和集体排他性的收回宅基地权利。社员使用宅基地，必须要向农民集体申请，只有农民集体批准了，才能获得宅基地使用权。1982 年国务院发布《村镇建房用地管理条例》第五条明确规定："在村镇内，个人建房和社队企业、事业单位建设用地，都应按照本条例的规定，办理申请、审查、批准的手续。任何机关、企业、事业单位和个人不准擅自占地建房、进行建设或越权批准占用土地。"可以看出，为社员审批宅基地的权能是集体所有权"占有"的主要体现。此外，由于各种原因，社员不再使用宅基地，农民集体也是收回宅基地的唯一合法主体。《村镇建房用地管理条例》第十五条明确规定："社员迁居并拆除房屋后腾出的宅基地，由生产队收回，统一安排使用。"1990 年《国务院批转国家土地管理局关于加强农村宅基地管理工作请示的通知》明确规定，"对已经'农转非'的人员，要适时核减宅基地面积"，即农民集体有权监督宅基地的使用情况，若出现成员资格消失的家庭，农民集体有权核减宅基地面积。1995 年国家土地管理局出台文件《确定土地所有权和使用权的若干规定》第五十二条中明确规定："空闲或房屋坍塌、拆除两年以上未恢复使用的宅基地，不确定土地使用权。已经确定使用权的，由集体报经县级人民政府批准，注销其土地登记，土地由集体收回。"即如果农民申请宅基地已经过了两年，但依然不建造房屋，将宅基地空闲下来，农民集体有权收回宅基地使用权；或者农民在申请的宅基地上已修建房屋，但发生倒塌或拆除，两年以上农民还未在这块宅基地上重新建造房屋，即使农民已经通过颁证等程序获得了这块宅基地的使用权，农民集体依然可以在县人民政府批准的条件下，注销土地使用权，合法收回这块宅基地。总之，农民集体通过批准、监督、收回宅基地使用权来体现集体所有权的"占有"权能。

集体对宅基地所有权的"使用"权能主要体现在集体统一规划，为村民统一建设住宅，并且将老宅基地复垦等权能。国务院印发《乡村振兴战略规划（2018—2022年）》中第九章第四节，对搬迁撤并类村庄进行详细规划。"对位于生存条件恶劣、生态环境脆弱、自然灾害频发等地区的村庄，因重大项目建设需要搬迁的村庄，以及人口流失特别严重的村庄，可通过易地扶贫搬迁、生态宜居搬迁、农岗集聚发展搬迁等方式，实施村庄搬迁撤并，统筹解决村民生计、生态保护等问题。""搬迁撤并后的村庄原址，因地制宜复垦或还绿，增加乡村生产生态空间"，而搬迁后的原址，一般是被村集体统一收回，进行复垦。近两年，新农村建设以及乡村振兴战略对于农民的人居环境较为重视，部分地区利用村集体的宅基地统一为村民建设更加优质的房屋，鼓励农民集中居住，以便更好提供公共服务。这类举措都是农民集体对宅基地所有权"使用"权能的充分体现。

集体对宅基地所有权的"收益"权能主要体现在与农民分享被依法征收的村民宅

基地获得的补偿。由于宅基地主要是为成员解决基本居住问题，具有福利性质，大部分是免费获得，少部分象征性地收取少量的费用。因此，若村民的房屋被依法征收，所获得的补偿也应该分一部分给村集体。在 1988—1992 年，全国 200 多个县的部分乡、村试行了宅基地有偿使用制度，集体收取部分费用，主要用作为村民提供公共服务的经费开支，但这种"收益"权能很快随着国家为农民减负的倡议下停止了。

集体对宅基地所有权的"处分"权能较小，不得买卖宅基地使用权。1982 年国务院关于发布《村镇建房用地管理条例》的通知第四条明确规定："严禁买卖、出租和违法转让建房用地。"即使是集体也没有权利出售宅基地使用权。

（二）保障宅基地农户资格权和农民房屋财产权

农户宅基地资格权实质上是基于集体成员身份而免费获得宅基地的权利，是基于成员权基础的权利。宅基地资格权的"占有"权能主要体现在农户家庭对所获得的宅基地可以长期占用，同时在宅基地上修建的建筑物、种的树木等都归农户家庭所有，可以合法对抗第三方。1963 年《中共中央关于各地对社员宅基地问题作一些补充规定的通知》规定："社员的宅基地，包括有建筑物和没有建筑物的空白宅基地，都归生产队集体所有，一律不准出租和买卖。但仍归各户长期使用，周期不变，生产队应保护社员的使用权，不能想收就收，想调剂就调剂。""宅基地上的附着物，如房屋、树木、厂棚、猪圈、厕所等永远归社员所有，社员有买卖或租赁房屋的权利。房屋出卖以后，宅基地的使用权即随之转移给新房主，但宅基地的所有权仍归生产队所有。"可以看出，虽然所有权属于集体，但宅基地使用权长期归社员，社员可以长期占有宅基地。党的十八届三中全会《中共中央关于全面深化改革若干重大问题的决定》（以下简称党的十八届三中全会《决定》）中明确界定了宅基地用益物权的特征。宅基地"占有"期限，在文件中并没有明确规定，有学者建议将宅基地"占有"期限规定为 70 年，到期之后，基于成员权免费申请的宅基地，可以继续申请免费延期；而通过继承、转让、赠予获得的宅基地，可以申请有偿延期使用。此外，农民家庭在宅基地上的各种建筑、树木等，农民家庭具有所有权，长期占有，随着宅基地的转移而转移。宅基地资格权的"使用"主要体现在申请者可以在申请的面积之内，自由合理规划宅基地，自主选择建造房子的户型、建筑材料，是否在宅基地上栽树、种花、种菜等，种多少等问题第三方不得干涉。宅基地"收益"权能体现在 2 个方面：一方面是宅基地上修建的建筑的出租，宅基地上种植树木等的销售收益都归农民家庭所有；另一方面是若国家依法征收农户家庭的宅基地，农户有权利获得合理的补偿。随着城市化不断发展，部分大中城市周边地区的郊区，农民的宅基地以及上面的建筑物被征收，按照标准换得了几套拥有完整产权的城市住房，这是宅基地资格权"使用"权能的一种体现。宅基地资格权"处分"权能主要体现在农民有权利将宅基地转让给集体内部的成员，获得相应的收益。此外，党的十八届三中全会《决定》明确规定："保障农户宅基地用益物权，改革完善农村宅基地制度，选择若干试点，慎重稳妥推进农民住房财产权抵押、担保、转让，探索农民增加财产性收入渠道。"即在推行改革的试点区，农户可以合法利用宅基地资格权抵押、担保、转让的权能。同时，宅基地资格权可以继承和赠与。

（三）适度放活宅基地和农民房屋使用权

宅基地"三权分置"改革刚刚提出，在浙江省的部分地区就已经开展得较为成功。全国比较有代表性的是浙江省象山县的改革，宅基地和农房使用权体现得较为明显。浙江省象山县允许在发展乡村产业的前提下，流转取得宅基地使用经营权，按合同约定和相关规定新建改建或重建，适度放活农村宅基地使用权。可以看出，宅基地使用权的"占有"权能主要体现在，在合同约定期内，占有从拥有宅基地资格权的主体手中流转过来的宅基地，根据合同约定，可以抗拒第三方干涉。宅基地使用权的"使用"权能，体现在根据合同约定，可以选择居住或者经营已经流转过来的宅基地使用权，同时，根据合同约定，可以根据经营的事业来重新修建房子。宅基地使用权的"收益"权能主要是利用经营流转过来的宅基地，享有获得经营利润的权利。宅基地使用权的"处分"权能主要按照合同约定，任何处分行为，都需要征得资格人的同意。

第四章　农业生产与经营结构政策

第一节　农业生产结构调整政策

一、农业生产结构的概念

农业生产结构亦称农业部门结构，是指一个国家、一个地区或一个农业企业的农业生产各部门和各部门内部的组成及其相互之间的比例关系。如农业各生产部门中的种植业、林业、牧业、副业、渔业等的组成情况和比重。农业生产结构是农业生产力合理组织（或生产力要素合理配置）和开发利用方面的一个基本问题。它的合理与否对农业生产能否顺利发展起着十分重大的作用。

农业生产结构通常以农业总产值构成、农业用地构成、播种面积构成、劳动力及资金占用构成等经济指标来反映，一般以农业总产值构成的相对数来表示。农业生产结构的形成和发展，受多种因素的影响。与一个国家和地区的自然环境条件、农业自然资源条件和生产力发展水平、人口和消费构成、经济制度和经济政策等有密切关系，具有一定的地域性和相对稳定性，但随农村产业的发展，其内涵在不断加深，外延不断扩展。农业生产结构合理与否，主要看能否符合以下4个条件：①满足一定阶段国民经济发展的需要；②充分利用自然条件和各种农业自然资源，发挥当地优势，各生产部门相互促进，协调发展；③取得最佳的经济效益和社会效益；④促进农业生态平衡的良性发展。

二、我国农业生产结构调整的政策的目标

把促进农民增收作为核心目标，从生产端、供给侧入手，创新体制机制，调整优化农业的要素、产品、技术、产业、区域、主体等方面结构，优化农业产业体系、生产体系、经营体系，突出绿色发展，聚力质量兴农，使农业供需关系在更高水平上实现新的平衡。通过努力，使农产品的品种、品质结构更加优化，玉米等库存量较大的农产品供需矛盾进一步缓解，绿色优质安全和特色农产品供给进一步增加绿色发展迈出新步伐，化肥农药使用量进一步减少，畜禽粪污、秸秆、农膜综合利用水平进一步提高。农业资源要素配置更加合理，农业转方式调结构的政策体系加快形成，农业发展的质量效益和竞争力进一步提升。

三、我国农业生产结构政策的措施和手段

(一) 稳定粮食生产，巩固提升粮食产能

1. 加快划定粮食生产功能区和重要农产品生产保护区

按照"布局合理、标识清晰、生产稳定、能划尽划"的原则，结合永久基本农田划定，以主体功能区规划和优势农产品布局规划为依托，选择农田基础设施较好、相对集中连片的田块，科学合理划定稻谷、小麦、玉米粮食生产功能区和大豆、棉花、油菜籽、糖料蔗、天然橡胶等重要农产品生产保护区，推动将"两区"内地块全部建档立册、上图上网、到村到田，实现信息化精准化管理，抓紧研究制定"两区"划定操作规程和管理办法，完善激励机制和支持政策，引导财政、金融、保险、投资等政策措施逐步向"两区"倾斜，推动层层落实建设管护主体责任。

2. 加强耕地保护和质量提升

大规模开展高标准农田建设，加大投入力度，创新建设机制，提高建设质量。推动有条件的地方将晒场、烘干机、机具库棚、机耕道路、土壤改良等配套设施纳入高标准农田建设范围。引导金融机构对高标准农用建设提供信贷支持，鼓励社会资本参与投资。推动全面落实永久基本农田特殊保护政策措施，实施耕地质量保护和提升行动，分区开展土壤改良、地力培肥和治理修复工作，持续推进中低产田改造。扩大东北黑土地保护利用试点范围，制定发布保护规划纲要。开展耕地土壤污染状况详查，深入实施土壤污染防治行动计划，继续开展重金属污染区耕地修复试点。

3. 加快现代种业创新

加大种业自主创新重大工程实施力度，开展稻谷、小麦、玉米、大豆四大作物良种重大科研联合攻关，加快适宜机械化生产、轻简化栽培、优质高产多抗广适新品种选育。积极推动以企业为主体的作物育繁推一体化发展模式，扶持壮大一批种子龙头企业，加快国家级育制种基地和区域性良种繁育基地建设，推动新一轮农作物品种更新换代。加快推进畜禽水产良种繁育体系建设，加强地方畜禽品种资源的保护与开发，推进联合育种和全基因组选择育种，推动主要畜禽品种国产化。推进建设国家海洋渔业种质资源库，加快建设一批水产种质资源场和保护区、育种创新基地。加大野生植物和珍稀种质资源保护力度，推进濒危野生植物抢救性保护及自然保护区建设，深入实施第三次种质资源普查收集。

4. 推进农业生产全程机械化

贯彻落实"中国制造2025"，启动实施农机装备发展行动方案。深入开展主要农作物生产全程机械化推进行动，在条件成熟地区和劳动密集型产业推进"机器换人"，推出一批基本实现全程机械化示范县。强化农机、农艺、信息化技术的融合，努力突破主要作物机械化作业瓶颈，推进农机化技术集成应用。大力推进农机深松整地作业，全国深松面积达到1.5亿亩以上。积极开展"镰刀弯"地区玉米青贮、玉米籽粒收获、牧草收获、马铃薯收获机械化示范推广，加强适宜丘陵山区、设施农业、畜禽水产养殖的农机技术装备研发和推广。开展植保无人飞机推广示范，创建100个"平安农机"

示范县。

(二) 推进结构调整,提高农业供给体系质量和效率

1. 继续推进以调减玉米为重点的种植业结构调整

按照稳粮、优经、扩饲的要求,加快构建粮经饲协调发展的种植结构。深入实施藏粮于地、藏粮于技战略,优化粮食产能,保持粮食生产总体稳定,确保口粮绝对安全。稳定北方粳稻和南方双季稻生产能力,扩大优质小麦面积,重点发展强筋弱筋小麦、优质稻谷,稻谷小麦种植面积稳定在8亿亩。进一步调减"镰刀弯"等非优势产区玉米种植面积1 000万亩,增加优质食用大豆、薯类、杂粮杂豆等作物种植,巩固主产区棉花、油料、糖料生产,大力发展双低油菜等优质品种。稳定发展"菜篮子"产品,加强北方设施蔬菜、南菜北运基地建设。加快北方农牧交错带结构调整,打造生态农牧区。以青贮玉米、苜蓿为重点,推进优质饲草料种植,扩大粮改饲、粮改豆补贴试点。会同有关部门开展粮食安全省长责任制考核工作,落实地方粮食安全主体责任。

2. 全面提升畜牧业发展质量

稳定生猪生产,优化南方水网地区生猪养殖区域布局,推动各地科学划定禁限养殖区域引导产能向玉米主产区和环境容量大的地区转移,在东北四省区开展生猪种养结合循环发展试点,促进生猪产业转型升级。大力发展草食畜牧业,深入实施南方草地畜牧业推进行动,扩大优质肉牛肉羊生产。加快推进畜禽标准化规模养殖,指导养殖场(小区)进行升级改造。加快现代饲草料产业体系建设,逐步推进苜蓿等优质饲草国产化替代。推动饲料散装散运,鼓励饲料厂和养殖场实行"厂场对接"全面推进奶业振兴,重点支持适度规模和种养结合家庭牧场,推动优质奶源基地建设,加强生产过程管控,引导扩大生鲜乳消费,培育国产优质品牌,持续推进畜牧业绿色发展示范县创建。加快新一轮退耕还林还草工程实施进度,继续实施退牧还草工程,推进北方农牧交错带已垦草原治理。

3. 加快推进渔业转型升级

科学编制养殖水域滩涂规划,合理划定养殖科、限养区、禁养区,确定湖泊、水库和近海海域等公共自然水域养殖规模,科学调整养殖品种结构和养殖模式,推动水产养殖减量增效。创建水产健康养殖示范场500个,渔业健康养殖示范县10个,推进稻田综合种养和低洼盐碱地养殖,完善江河湖海限捕、禁捕时限和区域,推进内陆重点水域全面禁渔和转产转业试点,率先在长江流域水生生物保护区实现全面禁捕,实施中华鲟、江豚拯救行动计划,实施绿色水产养殖推进行动,支持集约化海水健康养殖,扩展深远海养殖,组织召开全国海洋牧场建设工作现场会,加快推进现代化海洋牧场建设,落实海洋渔业资源总量管理制度和渔船"双控"制度,启动限额捕捞试点,加强区域协同保护,合理控制近海捕捞。持续清理整治"绝户网"和涉渔"三无"船舶,加快实施渔民减船转产。加强水生生物资源养护,强化幼鱼保护,积极发展增殖渔业,完善伏季休渔制度,探索休禁渔补贴政策创设规范,有序发展远洋渔业和休闲渔业。

4. 大力发展农产品加工业

贯彻《国务院办公厅关于进一步促进农产品加工业发展的意见》，落实扶持农产品加工业的政策措施，强化农产品产后商品化处理设施建设。深入实施质量品牌提升行动，促进农产品加工业转型升级。大力发展优质原料基地和加工专用品种生产，支持粮食主产区发展粮食加工业特别是玉米深加工，开发传统面米、马铃薯及薯类、杂粮、预制菜肴等多元化主食产品和药食同源的功能食品。加强农产品加工技术集成基地建设，组织开展关键技术装备研发和推广。深入实施农村产业融合发展试点示范工程，开展农业产业化示范基地提质行动，建设一批农村产业融合发展示范园和先导区。

5. 做大做强优势特色产业

实施优势特色农业提质增效行动计划，促进杂粮杂豆、蔬菜瓜果、茶叶、花卉、食用菌、中药材和特色养殖等产业提档升级，把地方特色小品种和土特产做成带动农民增收的大产业。加强优势特色农产品生产、加工、储藏等技术研发，构建具有地方特色的技术体系。加快信息技术、绿色制造等高新技术向农业生产、经营、加工、流通、服务领域渗透和应用，加强特色产品、特色产业开发和营销体系建设。加快推进特色农产品优势区建设，制定特色农产品优势区建设规划，鼓励各地争创园艺产品、畜产品、水产品等特色农产品优势区，推动资金项目向优势区、特色产区倾斜，推动完善"菜篮子"市长负责制考核机制，开展鲜活农产品调控目录试点，加快发展都市现代农业，深挖农业潜力，创造新需求。

6. 加快推进农业品牌建设

深入实施农业品牌战略，支持地方以优势企业、产业联盟和行业协会为依托，重点在粮油、果茶、瓜菜、畜产品、水产品等大宗作物及特色产业上培养一批市场信誉度高、影响力大的区域公用品牌、企业品牌和产品品牌。强化品牌培育塑造，发布中国农业品牌发展指导文件，探索建立农业品牌目录制度及品牌评价体系，发布100个区域公用品牌。组织开展品牌培训，强化经验交流，提升农业品牌建设与管理的能力和水平。搭建品牌农产品营销推介平台，将2017年确定为"农业品牌推进年"，举办中国农业品牌发展大会、中国国际农产品交易会、中国国际茶叶博览会等品牌推介活动，推进系列化、专业化的大品牌建设。

7. 积极发展休闲农业与乡村旅游

拓展农业多种功能，推进农业与休闲旅游、教育文化、健康养生等深度融合，发展观光农业、体验农业、创意农业等新产业、新业态。实施休闲农业和乡村旅游提升工程，加强标准制定和宣传贯彻，继续开展示范县、美丽休闲乡村、特色魅力小镇、精品景点线路、重要农业文化遗产等宣传推介。鼓励农村集体经济组织创办乡村旅游合作社，或与社会资本联办乡村旅游企业。完善休闲农业行业标准，组织召开全国休闲农业与乡村旅游大会。

8. 启动建设现代农业产业园

以规模化种养基地为基础，依托农业产业化龙头企业带动，聚集现代生产要素，建设"生产+加工+科技"、三次产业融合的现代农业产业园，发挥技术集成、产业融合、创业平台、核心辐射等功能作用。吸引龙头企业和科研机构建设运营产业园,发展设施农业、精准农业、精深加工、现代营销,发展农业产业化联合体,推动农业全环节升级、全链条增值,支持农户通过订单农业、股份合作、入园创业就业等多种形式参与建设、分享收益,科学制定产业园规划,制定发布国家级现代农业产业园认定标准,遴选发布首批国家级产业园名单。鼓励地方统筹使用项目资金,集中建设产业园基础设施和配套服务体系。

(三) 推进绿色发展,增强农业可持续发展能力

1. 全面提升农产品质量安全水平

坚持质量兴农,实施农业标准化战略,突出优质、安全、绿色导向健全农产品质量安全标准体系,新制定农药残留标准1 000项、兽药残留标准100项。大力推进农业标准化生产,加快制定农业标准化生产评价办法,开展特色农产品标准化生产示范,建设一批地理标志农产品和原产地保护基地,新创建一批畜禽水产健康养殖场、热作标准化生产示范园。支持新型农业经营主体开展"三品一标"认证登记,加快提升绿色、有机农产品认证的权威性和公信力。推行农业良好生产规范,推广生产记录台账制度,督促落实农业投入品生产销售使用有关规定。加快农产品质量安全追溯平台建设与应用,选择苹果、茶叶、猪肉、生鲜乳等农产品开展试点。继续开展国家农产品质量安全县(市)创建,再确定200个县(市)开展试点。加强农产品质量安全监管,持续开展农兽药残留超标等突出问题专项整治,严厉打击违禁超限所使用农兽药、非法添加等违法行为。健全农产品质量安全监管体系,强化风险管理和属地责任,加大抽检监测力度。

2. 大力发展节水农业

建立健全农业节水技术产品标准体系。建设一批高标准节水农业示范区,大力普及喷灌、滴灌等节水灌溉技术,加大水肥一体化和涵养水分等农艺节水保墒技术的推广力度。筛选推广一批抗旱节水品种,重点在华北、西北地区大面积推广耐旱小麦、薯类、杂粮品种。稳步推进牧区高效节水灌溉饲草料地建设,严格限制生态脆弱地区抽取地下水灌溉人工草场。控制东北地区井灌稻面积,积极推广循环水养殖等节水养殖技术,协同开展河北地下水超采区综合治理试点。

3. 大力推进化肥农药减量增效

深入推进化肥农药使用量零增长行动,促进农业节本增效。以苹果、柑橘、设施蔬菜、品牌茶叶等园艺作物为重点,开展有机肥替代化肥试点,建设一批化肥减量增效示范县,深入推进测土配方施肥,集成推广化肥减量增效技术。建设一批病虫害统防统治与绿色防控融合示范基地、稻田综合种养示范基地、蜜蜂授粉与绿色防控技术集成示范基地,大力推进高毒农药定点经营实名购买,探索建立农药产品追溯系统,继续组织开展农民骨干科学用药培训行动,鼓励使用高效、低毒、低残留农药。

4. 全面推进农业废弃物资源化利用

坚决打好农业面源污染防治攻坚战。以县为单位推进畜禽粪污、农作物秸秆、废旧农膜、病死畜禽等农业废弃物资源化利用无害化处理试点,探索建立可持续运营管

理机制。深入推进绿色高产高效创建,重点推广优质专用品种和节本降耗、循环利用技术模式。鼓励各地加大农作物秸秆综合利用支持力度,健全秸秆还田、集运、多元化利用补贴机制,继续开展地膜清洁生产试点示范。开展种养结合整县推进试点,加快畜禽粪污集中处理,支持规模养殖场配套建设节水、清粪、有机肥生产加工等设施设备,推广"果—沼—畜""菜—沼—畜""茶—沼—畜"等畜禽粪污综合利用、种养循环的多种技术模式。继续开展洞庭湖区畜禽水产养殖污染治理试点,推动规模化大中型沼气健康发展,扩大重点流域农业面源污染综合治理示范区范围。

5. 扩大耕地轮作休耕制度试点规模

实施耕地、草原休养生息规划;适当扩大东北冷凉区和北方农牧交错区轮作试点规模以及河北地下水漏斗区、湖南重金属污染区、西南西北生态严重退化区休耕试点规模。完善耕地轮作休耕推进协调指导组工作机制,会同有关部门组织开展定期督查。组织专家分区域、分作物制定完善轮作休耕技术方案,开展技术培训和巡回指导,开展遥感动态监测和耕地质量监测,建立健全耕地轮作休耕试点数据库,跟踪试点区域作物种植和耕地质量变化情况。

6. 强化动物疫病防控

落实动物防疫财政支持政策,稳妥推进强制免疫"先打后补",探索政府购买服务机制。持续推进新型兽医制度建设,扩大和充实官方兽医与执业兽医队伍。持续抓好禽流感等重大动物疫病、常见多发病防控,加大人畜共患病防治力度。大力开展种畜禽场动物疫病净化工作,推进无疫区和生物安全隔离区建设,防范外来动物疫病传入风险,强化动物检疫和畜禽屠宰质量安全管理,完善跨省流通监管信息互联互通机制。加强兽药行业监管,健全完善兽药二维码追溯体系,深入开展抗菌药整治。

第二节 农业经营结构政策

一、农业经营规模政策的目标与调整的手段

(一)农业经营规模政策的目标

农业经营规模结构政策的目标是技术既定的条件下,使农业经营规模达到经济效益最大化。根据投入产出的经济原理,总是从规模最小到规模最大的过渡规模中找到一个规模点,即在此规模条件下,农场的经济效益最高。政府的目的在于采取各种措施,使各种规模条件的农场尽可能地将其规模靠近到政府认为经济效益最大的规模水平。另外,政府在考虑经营规模结构时,必须考虑生产力的水平、本国农业的基本环境、人口、耕地、自然条件、经济结构。一方面是规模达到最优,另一方面也要考虑其他社会经济的各个方面,如社会稳定等,也就是说在追求经济发展目标的同时,不能超过社会的承受力,不能造成较大的社会或环境问题。

(二)农业经营规模政策调整的手段

1. 土地制度改革

土地制度包括土地所有权和使用权2个方面,世界上的土地所有权基本上分为两大类:一类私有,一类公有(或国家所有)。在土地所有权不变的情况下,其使用权可以改变和转让,合理的土地制度可以促进土地的合理使用,土地使用方式直接影响着土地使用效果。由于土地是一种自然资源,特别是一些丘陵、山区的土地,地块零碎是普遍的现象,因此政府必须采取各种措施,使土地经营规模逐步扩大。主要措施是允许土地流转,鼓励农户之间进行土地交换;政府也可以利用各种大型工程项目建设,对周围的土地进行统一规划,然后再出售或转让给农户,以便使农户经营的规模能够扩大。欧洲一些国家从20世纪50年代开始就采取了类似的所谓"土地重划与合并"的措施,鼓励农户交换零散的地块。但是由于土地问题的复杂性,交换过程的补差比较难确定以及涉及一系列社会、传统生产生活习惯等问题,这项措施的效果并不明显。亚洲的日本等国家和地区也试图扩大农业经营规模。但是由于各种原因,这些国家和地区的农业经营规模不但没有扩大,甚至呈现缩小的现象。

2. 投资补贴

政府可以设立一项基金,对一些农业经营规模大的经营主体给予投资补贴。需要强调的是,不是对所有的项目都补贴,而是对政府认为项目规模合理且在其他方面符合政府农业发展目标的项目予以投资补贴。投资补贴的方式可以是直接投资,即财政拨款,也可以由发展银行给予优惠贷款。

3. 价格补贴

大多数发达国家都对主要农产品有价格补贴政策,但在具体操作时,不是对所有的农场都给予价格补贴,实际是指对达到一定规模的农场给予价格补贴,能得到价格补贴的农场必须一次能够提供一定量的农产品。小农户很难达到标准,因此就无法享受价格补贴,这样就可以刺激农户扩大生产规模。欧洲国家的兼业农户很难享受到政府的各项优惠政策,当然超大型的农户也不属政府优惠的范畴。

二、我国农业经营规模结构政策的目标与措施

(一)我国农业经营规模结构政策的目标

我国农业经营规模结构政策的核心目标是推动小农户与现代农业有机衔接,因此,从2019年中共中央办公厅、国务院办公厅印发的《关于促进小农户和现代农业发展有机衔接的意见》和农业农村部2020年印发的《新型农业经营主体和服务主体高质量发展规划(2020—2022年)》两份文件可以看出,我国农业经营规模结构政策出发点有2个方面:一方面是促进新型农业经营主体和服务主体的适度规模经营,另一方面就是扶持大量存在的小农户。促进新型农业经营主体和服务主体适度规模经营。

(二)我国农业经营规模结构政策对小农户扶持的措施

1. 提升小农户发展能力的措施

(1)启动家庭农场培育计划。采取优先承租流转土地、提供贴息贷款、加强技术

服务等方式,鼓励有长期稳定务农意愿的小农户稳步扩大规模,培育一批规模适度、生产集约、管理先进、效益明显的农户家庭农场。鼓励各地通过发放良技良艺良法应用补贴、支持农户家庭农场优先承担涉农建设项目等方式,引导农户家庭农场采用先进科技和生产力手段。指导农户家庭农场开展标准化生产,建立可追溯生产记录,加强记账管理,提升经营管理水平。完善名录管理、小范创建、职业培训等扶持政策,促进农户家庭农场健康发展。

(2) 实施小农户能力提升工程。以提供补贴为杠杆,鼓励小农户接受新技术培训。支持各地采取农民夜校、田间学校等适合小农户的培训形式,开展种养技术、经营管理、农业面源污染治理、乡风文明、法律法规等方面的培训。新型职业农民培育工程和新型农业经营主体培育工程要将小农户作为重点培训对象,帮助小农户发展成为新型职业农民。涉农职业院校等教育培训机构要发挥专业优势,优先做好农村实用人才带头人示范培训。鼓励各地通过补贴学费等方式,引导各类社会组织向小农户提供技术培训。

(3) 加强小农户科技装备应用。加快研发经济作物、养殖业、丘陵山区适用机具和设施装备,推广应用面向小农户的实用轻简型装备和技术。建立健全农业农村社会化服务体系,实施科技服务小农户行动,支持小农户运用优良品种、先进技术、物质装备等发展智慧农业、设施农业、循环农业等现代农业。引导农业科研机构、涉农高校、农业企业、科技特派员到农业生产一线建立农业试验示范基地,鼓励农业科研人员、农业技术推广人员通过下乡指导、技术培训、定向帮扶等方式,向小农户集成示范推广先进适用技术。

(4) 改善小农户生产基础设施。鼓励各地通过以奖代补、先建后补等方式,支持村集体组织小农户开展农业基础设施建设和管护,支持各地重点建设小农户急需的通田到地末级灌溉渠道、通村组道路、机耕生产道路、村内道路、农业面源污染治理等设施,合理配置集中仓储、集中烘干、集中育秧等公用设施。加强农业防灾减灾救灾体系建设,提高小农户抵御灾害的能力。

2. 提高小农户组织化程度的措施

(1) 引导小农户开展合作与联合。支持小农户通过联户经营、联耕联种、组建合伙农场等方式联合开展生产,共同购置农机、农资,接受统耕统收、统防统治、统销统结等服务,降低生产经营成本。支持小农户在发展休闲农业、开展产品营销等过程中共享市场资源,实现互补互利。引导同一区域同一产业的小农户依法组建产业协会、联合会,共同对接市场,提升市场竞争能力,支持农村集体经济组织和合作经济组织利用土地资源、整合涉农项目资金、提供社会化服务等,引领带动小农户发展现代农业。

(2) 创新合作社组织小农户机制。坚持农户成员在合作社中的主体地位,发挥农户成员在合作社中的民主管理、民主监督作用,提升合作社运行质量,让农户成员切实受益。鼓励小农户利用实物、土地经营权、林权等作价出资办社入社,盘活农户资源要素。财政补助资金形成的资产,可以量化到小农户,再作为入社或入股的股份。支持合作社根据小农户生产发展需要,加强农产品初加工、仓储物流、市场营销等关键环节建设,积极发展"农户+合作社""农户+合作社+工厂或公司"等模式。健全盈余分配机制,可分配盈余按照成员与合作社的交易量(交易额)比例、成员所占出资份额统筹返还,并按规定完成优先支付权,使小农户共享合作收益。扶持农民用水合作组织多元化创新发展,支持合作社依法自愿组建联合社,提升小农户合作层次和规模。

(3)发挥龙头企业对小农户带动作用。完善农业产业化带农惠农机制,支持龙头企业通过订单收购、保底分红、二次返利、股份合作、吸纳就业、村企对接等多种形式带动小农户共同发展。鼓励龙头企业通过"公司+农户""公司+农民合作社+农户"等方式,延长产业链、保障供应链、完善利益链,将小农户纳入现代农业产业体系,鼓励小农户以土地经营权、林权等入股龙头企业并采取特殊保护,探索实行农民负盈不负亏的分配机制。鼓励和支持发展农业产业化联合体,通过统一生产、统一营销、信息互通、技术共享、品牌共创、融资担保等方式,与小农户形成稳定利益共同体。

3. 拓展小农户增收空间的措施

(1)支持小农户发展特色优质农产品。引导小农户拓宽经营思路,依靠产品品质和特色提高自身竞争力。各地要结合特色优势农产品区域布局,紧盯市场需求,深挖当地特色优势资源潜力,引导小农户发展地方优势特色产业,形成"一村一品、一乡一特、一县一业"。探索建立农业产业到户机制,制订"菜单式"产业项目清单,指导小农户自主选择。支持小农户发挥精耕细作优势,引入现代经营管理理念和先进适用技术装备,发展劳动密集化程度高、技术集约化程度高、生产设施化程度高的园艺、养殖等产业,实现小规模基础上的高产出高效益。引导小农户发展高品质农业、绿色生态农业,开展标准化生产、专业化经营,推进种养循环、农牧结合,生产高附加值农产品,实施小农户发展有机农业计划。

(2)带动小农户发展新产业新业态。大力拓展农业功能,推进农业与旅游、文化、生态等产业深度融合,让小农户分享第二、第三产业增值收益。加强技术指导、创业孵化、产权交易等公共服务,完善配套设施,提高小农户发展新产业新业态的能力,支持小农户发展康养农业、创意农业、休闲农业及农产品初加工、农村电商等,延伸产业链和价值链。开展电商服务小农户专项行动。支持小农户利用自然资源、文化遗产、闲置农房等发展观光旅游、餐饮民宿、养生养老等项目,拓宽增收渠道。

(3)鼓励小农户创业就业。鼓励有条件的地方构建市场准入、资金支持、金融保险、用地用电、创业培训、产业扶持等相互协同的政策体系,支持小农户结合自身优势和特长在农村创业创新。健全就业服务体系,扩大农村劳动力转移就业渠道,鼓励农村劳动力就地就近就业,支持农村劳动力进入第二、第三产业就业。支持小农户在家庭种养基础上,通过发展特色手工和乡村旅游等,实现家庭生产的多业经营、综合创收。

4. 健全面向小农户的社会化服务体系政策

发展农业生产性服务业。大力培育适应小农户需求的多元化多层次农业生产性服务组织,促进专项服务与综合服务相互补充、协调发展,积极拓展服务领域,重点发展小农户急需的农资供应、绿色生产技术、农业废弃物资源化利用、农机作业、农产品初加工等服务领域。搭建区域农业生产性服务综合平台。创新农业技术推广服务机制，促进公益性农技推广机构与经营性服务组织融合发展，为小农户提供多种形式的技术指导服务。探索通过政府购买服务等方式，为小农户提供生产公益性服务。鼓励和支持农垦企业、供销合作社组织实施农业社会化服务惠农工程，发挥自身组织优势，通过多种方式服务小农户。

加快推进农业生产托管服务。创新农业生产服务方式，适应不同地区不同产业小农户的农业作业环节需求，发展单环节托管、多环节托管、关键环节综合托管和全程托管等多种托管模式。支持农村集体经济组织、供销合作社专业化服务组织、服务型农民合作社等服务主体，面向从事粮、棉、油、糖等大宗农产品生产的小农户开展托管服务。鼓励各地因地制宜选择本地优先支持的托管作业环节，不断提升农业生产托管对小农户服务的覆盖率。加强农业生产托管的服务标准建设、服务价格指导、服务质量监测、服务合同监管，促进农业生产托管规范发展。实施小农户生产托管服务促进工程。

推进面向小农户产销服务。推进农超对接、农批对接、农社对接，支持各地开展多种形式的农产品产销对接活动，拓展小农户营销渠道，实施供销、邮政服务带动小农户工程。完善农产品物流服务，支持建设面向小农户的农产品贮藏保鲜设施、田头市场、批发市场等，加快建设农产品冷链运输、物流网络体系，建立产销密切衔接、长期稳定的农产品流通渠道。打造一批竞争力较强、知名度较高的特色农业品牌和区域公用品牌，让小农户分享品牌增值收益。加大对贫困地区农产品产销对接扶持力度，扩大贫困地区特色农产品营销、促销范围。

实施"互联网+"小农户计划。加快农业大数据、物联网、移动互联网、人工智能等技术向小农户覆盖，提升小农户手机、互联网等应用技能，让小农户搭上信息化快车，推进信息进村入户工程，建设全国信息进村入户平台，为小农户提供便捷高效的信息服务，鼓励发展互联网云农场等模式，帮助小农户合理安排生产计划、优化配置生产要素。发展农村电子商务，鼓励小农户开展网络购销对接，促进农产品流通线上、线下有机结合。深化电商扶贫频道建设，开展电商扶贫品牌推介活动，推动贫困地区农特产品与知名电商企业对接，支持培育一批面向小农户的信息综合服务企业和信息应用主体，为小农户提供定制化、专业化服务。

提升小城镇服务小农户功能。实施以镇带村、以村促镇的镇村融合发展模式，将小农户生产逐步融入区域性产业链和生产网络。引导农产品加工等相关产业向小城镇、产业园区适度集中，强化规模经济效应，逐步形成带动小农户生产的现代农业产业集群。鼓励在小城镇建设返乡创业园、创业孵化基地等，为小农户创新创业提供多元化、高质量的空间载体。提升小城镇服务农资农技、农产品交易等功能，合理配置集贸市场、物流集散地、农村电商平台等设施。

5. 完善小农户扶持政策

（1）稳定完善小农户土地政策。保持土地承包关系稳定并长久不变，衔接落实好第二轮土地承包到期后再延长三十年的政策。建立健全农村土地承包经营权登记制度，为小农户"确实权、颁铁证"。在有条件的村组，结合高标准农田建设，引导小农户自愿通过村组内互换并地、土地承包权退出等方式，促进土地小块并大块，引导逐步形成一户一块田。落实农村承包地所有权、承包权、经营权"三权分置"办法，保护小农户土地承包权益，及时调解流转纠纷，依法稳妥规范推进农村承包土地经营权抵押贷款业务，鼓励小农户参与土地资源配置并分享土地规模经营收益，规范土地流转交易，建立集信息发布、租赁合同网签、土地整治、项目设计等功能于一体的综合性土地流转管理服务组织。

（2）强化小农户支持政策。对新型农业经营主体的评优创先、政策扶持、项目倾斜等，要与带动小农生产挂钩，把带动小农户数量和成效作为评价的重要依据。充分发挥财政杠杆作用，鼓励各地采取贴息、奖补、风险补偿等方式，撬动社会资本投入农业农村，带动小农户发展现代农业对财政支农项目投入形成的资产，鼓励具备条件的地方折股量化给小农户特别是贫困农户，让小农户享受分红收益。

（3）健全针对小农户补贴机制。稳定现有对小农生产的普惠性补贴政策，创新补贴形式，提高补贴效率。完善粮食等重要农产品生产者补贴制度。鼓励各地对小农户参与生态保护实行补偿，支持小农户参与耕地、草原、森林、河流、湖泊等休养生息，对发展绿色生态循环农业、保护农业资源环境的小农户给予合理补偿。健全小农户生产技术装备补贴机制，按规定加大对丘陵山区小型农机具购置补贴力度。鼓励各地对小农户托管土地给予费用补贴。

（4）提升金融服务小农户水平。发展农村普惠金融，健全小农户信用信息征集和评价体系，探索完善无抵押、无担保的小农户小额信用贷款政策，不断提升小农户贷款覆盖面，切实加大对小农户生产发展的信贷支持力度。支持农村商业银行、农村合作银行、村镇银行等农村中小金融机构立足县域，加大服务小农户力度。支持农村合作金融规范发展，扶持农村资金互助组织，通过试点稳妥开展农民合作社内部信用合作。鼓励产业链金融、互联网金融在依法合规前提下为小农户提供金融服务。鼓励发展为小农户服务的小额贷款机构，开发专门的信贷产品。加大支农再贷款支持力度，引导金融机构增加小农户信贷投放。鼓励银行业金融机构在风险可控和商业可持续的前提下，扩大农业农村贷款抵押物范围，提高小农户融资能力。

（5）拓宽小农户农业保险覆盖面。建立健全农业保险保障体系，从覆盖直接物化成本逐步实现覆盖完全成本。发展与小农户生产关系密切的农作物保险、主要畜产品保险、重要"菜篮子"品种保险和森林保险，推广农房、农机具、设施农业、渔业、制种等保险品种。推进价格保险、收入保险、天气指数保险试点。鼓励地方建立特色优势农产品保险制度。鼓励发展农业互助保险，建立第三方灾害损失评估、政府监督理赔机制，确保受灾农户及时足额得到赔付，加大针对小农户农业保险保费补贴力度。

第五章 农村人力资源政策

第一节 农村劳动力就业政策

一、我国农业劳动力的基本情况

(一) 数量规模庞大

据中国国家统计局《第七次全国人口普查主要数据公报(第一号)》显示,截至2020年年底,我国人口总数达141 178万人,其中,农村人口50 979万人,约占全国人口总数的36.11%。相应的,农业劳动力数量占我国劳动力总量比例也较大,而且农业劳动力总量依旧在持续增长。2020年与2010年相比,城镇人口增加23 642万人,城镇人口比重上升14.21个百分点。随着我国人口的急剧增长,农业劳动力数量也在持续增长。2015年我国农业劳动力总量为27 747万人,比2014年增加352万人,增长1.3%。

(二) 就业结构逐渐转变

农业依然是我国农业劳动力就业的主导产业,但其所占比重在就业结构中却逐年下降。第二产业虽然吸纳了一部分农业劳动力,但其吸纳能力也在下降。第三产业由于投资少、见效快,成为农业劳动力就业的主要方向,2019年与2009年相比,第三产业劳动力比重上升了13.3%。

(三) 农业劳动力整体素质偏低

我国农村人口基数大,增长速度快,整体素质偏低。由于各地对农村教育资源的投入跟不上人口增长的速度,无法彻底解决农村教育中不完善之处,限制了农业劳动力素质的提高。随着农业劳动力就业结构的转变,农业劳动力对于劳动技能、劳动保障等方面知识的需求在逐渐增加,但当前各地对于农业劳动力的成人教育和技术培训的重视程度不够,投入不足。

(四) 开发利用不充分,存在大量农村剩余劳动力

我国农业劳动力素质不高,加上农业生产季节性、劳动内容复杂性、劳动组织的分散性等特点,导致对农业劳动力的开发利用不充分。同时,农业自身吸纳劳动力能力却接近饱和,第二、第三产业吸纳劳动力数量又极为有限,导致农村剩余劳动力的出现。

二、农业劳动力的就业政策

我国农业劳动力就业政策的目标已经从原来的消极限制转变为积极引导,从城乡割离、偏重城市、确保城市就业向城乡协调、转变机制、提高农业劳动力技术水平与就业机会的轨道上来；发展多种所有制，实现多产业部门就业；促进跨区域流动就业，在全国范围内实现资源的合理利用；建立和完善劳动力市场，把市场机制引入农业劳动力的开发利用中。促进我国农业劳动力就业政策主要有以下几个方面。

（一）优化农业劳动力就业环境

农业劳动力的有序进城就业在统筹城乡发展和增加农民收入等方面起到重要作用。我国在进一步做好促进农民进城就业管理和服务的基础上，取消了针对农民进城就业方面的歧视性规定及不合理限制，创造更加良好的劳动者自主择业、自由流动和自主创业的环境，形成稳定的促进就业政策和制度，健全城乡统一、内外开放、平等竞争和规范有序的劳动力市场，保持就业渠道通畅，进一步优化了农业劳动力就业环境。

1. 为农业劳动力提供更多就业岗位

目前，我国尚有大批未经开发的宜农荒山、荒坡和沿海滩涂。同时，我国总体的农村生产条件还比较脆弱，尤其是中西部地区，农业生产条件更差。因此要加大对农村基础设施投入，合理利用资源，为农业劳动力提供更多的就业岗位。各地政府要大力发展农产品加工业，引导农业劳动力合理有序转移。鼓励发展农村第三产业，尤其是扩大农村第三产业的业务范围，充分发挥农村第三产业对农业劳动力的吸纳作用。

2. 鼓励自主创业

进一步降低创业门槛。近几年，各省市纷纷出台政策，放宽农村个体工商户和企业经营场所权属证明限制；降低公司注册资本的要求，拓宽农民出资渠道，在农村土地承包期限内和不改变用途的前提下，允许以农村土地承包经营受益权出资入股设立农民专业合作社；放宽农村企业出资方式限制，对从事种植业和养殖业的经营者，允许以与生产经营业相关的苗木、家禽、牲畜等经评估后作价出资；实施农村小额信贷政策，以及对农民自主创业实施各种税费减免的优惠政策与奖励政策等。对于农业劳动力创业进行资金扶持，加强对农村自主创业人员的资金扶持。例如，河北省出台的《关于充分发挥职能作用支持新农村建设的若干意见》指出，加强对农村自主创业人员的资金扶持，提高自主创业人员的贷款额度，符合条件的自主创业人员，贷款额度由原来的最高2万元提高到最高不超过5万元；对符合贷款条件人员合伙经营的企业，可以得到人均最多5万元的贷款；对符合贷款条件的劳动密集型小企业，贷款额度从最高不超过100万元提高到最高不超过200万元；小额担保贷款期限由原来的2年延长至3年。

3. 建设产业聚集区，吸引劳动力就地转移

当前，全球经济的增长速度明显变缓，这表明当前经济增长的动力不足。在这一背景下，发展产业聚集区能够有效促进劳动力转移，扩大当地的贸易市场，进而推动经济发展，而经济发展又能为劳动力提供更多就业机会，最终实现良性循环。产业聚集区能够在培训劳动力就业方面发挥更大的价值。例如在产业聚集区内对农业劳动力就业进行公益性指导，设立专门的就业指导工作室。工作室可以利用自身优势收集企业的招聘信息，掌握农业劳动力的真实想法与就业需求，建立企业与求职农业劳动力之间的沟通桥梁，为农民工提供社保办理和职业技能培训等服务。工作室了解产业聚集区的企业招聘要求后，可以与附近高职院校或培训机构合作，为企业提供合适的工作者。工作室通过培训与工作相结合的模式，为企业定向培养合适的员工，解决农业劳动力就业问题。产业聚集区内要有完善的基础设施，如公租房、娱乐设施等，使农业劳动力在产业聚集区内享受到基本保障，促进民生建设。

（二）提升农业劳动力就业能力

目前，农民工就业具有总量大、稳定性差和保障弱的特点，易受经济波动影响。在疫情冲击下，劳动力市场阶段性停摆，复工返岗大范围延后，农民工就业压力明显上升，就业帮扶任务更重，就业形势比较严峻。为贯彻落实党中央、国务院决策部署，扎实做好"六稳"工作，全面落实"六保"任务，巩固脱贫攻坚成果，大力提升广大农民工职业技能和就业创业能力，人力资源和社会保障部制定了《农民工稳就业职业技能培训计划》。这是应对当前就业形势，加强广大农民工职业技能培训的重要举措，也是积极促进农民工就业，大力推进就业技能扶贫的重要手段。我国对于农业劳动力就业能力培养有以下几个方面的措施。

1. 根据就业需求培养实用性人才

农民自身的劳动技术水平与科学文化素养关系到农民可选择的就业范围，政府要想扩大农业劳动力的就业规模，就要对农民的技术水平与文化素养进行培训，这是农村建设发展的关键举措。首先，要加强对技术型人才的培养。拥有专业技术的农业劳动力，在就业市场上会获得更多的机会，拥有更多选择权。其次，制订培训方案时，政府需要有针对性地开展工作。依据当地经济发展现状与人口流动情况，制定符合当地实情的劳动力培养方案。在执行方案的过程中，要根据当地的产业结构与现实状况适当调整相关策略。结合当前科技发展的需要，使用常见、先进的劳动工具培训劳动力，力求培养出的农业劳动力是有技术、有特色、优秀、实用的人才。在资金投入上，中央和地方应安排专项经费用于农业劳动力的培训工作，做到专款专用。各地方政府可以根据本地区的实际情况，建立适合本地区实际情况的资金投入机制。农业生产内部就业培训要充分结合地区特色，发展当地的特色产业。培训农业劳动力应坚持因地制宜的原则，让农业劳动力学会根据不同的自然条件和优势发展现代农业。

2. 采用多元化培训方式

各级人民政府要将农业劳动力的培训工作列入年度工作考核的内容，结合本地区情况制订具体的实施计划和各阶段目标、任务和进度。充分利用一切可以利用的资源，广泛开展各种培训工作。整合本地区教育资源，扩大培训和教育规模，完善教学培训条件。充分发挥农村职业学校、成人学校和普通中学的作用，调整专业结构，采取多种途径完善农村体系。

借助网络技术。随着新时代网络技术的不断发展，在线教育成为农业劳动力就业教育的重要途径之一。政府可以建立在线教育平台与网络教育体系，让更多农业劳动力参与技术培训。随着电商事业蓬勃发展，可开设电商培训课程，鼓励有一定基础的劳动力通过电商平台自主创业，同时为其他劳动力提供就业岗位。引导当地龙头企业与农业劳动力合作,根据农业龙头企业的需要,提高农业劳动力的技术水平和农产品加工水平,通过合作机制拓展农业劳动力的就业空间。

3. 制定激励政策提高培训效率

对于承担培训任务的用人单位,培训经费计入成本在税前列支。具备条件的教育培训机构,可以申请使用培训扶持基金,当然,取得扶持基金的培训机构须相应降低学员的收费标准。对于参加培训的农业劳动者应进行补贴或者奖励,对符合条件的劳动者颁发相应的鉴定证书。

加强农业劳动力培训的师资队伍建设工作,扩充教师队伍,提高教师教学水平;针对农业劳动力培训目标编写和选用合适教材;根据劳动力市场变化,及时向社会公布劳动力市场的供求状况,做好农业劳动力的跟踪服务和就业指导工作。对于农业劳动力的培训工作,各级人民政府和相关部门要做好监督检查工作,做到资金到位,工作有成效。

(三)保障农业劳动力合法权益

1. 规范化管理就业服务

对就业服务进行规范化管理,是政府在扩大农业劳动力就业路径时需要重点注意的问题之一。可以成立就业工作领导小组,明确小组成员各自的职责与工作内容,科学扩大农业劳动力的就业规模,进一步实现就业服务的规范化管理。

当前,农村就业市场中存在很多问题,一些就业服务机构对农业劳动力收取大量费用后,没有为劳动力提供合适的岗位,这严重损害了农业劳动力的利益。政府及相关部门应查处并整顿该类机构,维护农业劳动力的合法权益。相关执法机构需要加大执法力度,依法取缔不规范机构。只有不规范的机构退出就业市场,才能保障农业劳动力就业工作有效开展,使市场更加透明化,降低农业劳动力外出就业的成本,有效扩大农业劳动力的就业规模。

农民工为我国的发展作出了巨大的贡献,但当前社会中仍然存在排斥农民工的现象。服务于城市的社会保障体系和公共福利并没有为农民工提供更多的权益,这就要求政府及有关工作人员在扩大农业劳动力就业路径的同时扶持农民工创业,对农民的创业收入采取税收减免政策,在一段时间内免收创业农民工的营业税。这样不仅可以鼓励农民工积极创业,还能为其他农民工提供更多就业机会。

2. 建立统筹管理的就业机制

想要扩大就业路径,政府还需要解决城乡发展分裂及地区保护等问题。首先,出台农业劳动力自主择业政策,让劳动力在统一有序的前提下进入人才市场选择职业。其次,采取适当的政策,融合农村与城市资源,通过惠农政策鼓励农业劳动力积极就业。最后,建立城乡紧密结合的发展模式,政府及相关部门、工作人员结合当地农村发展实际状况,针对性地为农业劳动力就业提供有利措施,在城乡统筹发展的条件下,保障农村经济稳步发展。

消除就业歧视现象能够有效地构建稳定的农业劳动力就业环境。政府要对城乡用人单位制订统一的管理方法,这样可以使农民工进城就业后得到有效的管理。为了及时解决农民工在就业中遇到的问题,可以设立相关的管理档案,对进城务工的农民工进行登记,例如,可以通过城乡一体化的户籍管理体系,对在城市内务工并有稳定住所的农业劳动力进行登记管理,以此保障农业劳动力合理有效的流动。注意保障登记信息完整准确,以便更好地维护农业劳动力的基本权利。这样不仅能够解决许多复杂问题,还能保障农业劳动力进城务工后享受到一定福利,提高农业劳动力进城务工的积极性。

深化户籍制度改革的实质是消除附加在户籍上的城乡居民在各种社会保障中的差异,真正实现城乡居民平等,进而逐步实现城乡人口的自由流动。这就要求统一城乡居民的各项社会福利和社会权益,彻底改变以户籍制度为基准的各项政策。改变不同城乡背景下不同产品的供给体制,真正消除阻碍农业劳动力就业的因素,帮助农业劳动力实现自由迁居。进一步实现低保、养老保险等各项社会福利制度的城乡平衡,实现流动人口与当地居民权益平等。

第二节 农业劳动力流转政策

一、农业劳动力转移现阶段政策的发展

进入21世纪后,农业劳动力转移政策发生了根本性的变化。因此,称为农业劳动力转移的现阶段政策,农业劳动力转移新政策是根据国家树立以人为本、全面协调可持续的科学发展观的发展理念而制定的,把解决农民工问题放在解决"三农"问题、推进工业化与城市化战略的全局之中,对农业转移劳动力进行恰当的定位,积极进行政策的调整、充实和完善,由限制转移变为鼓励转移,着力保障合法权益,为农业劳动力转移创造良好环境,公共政策也进入了统筹城乡发展、以人为本、公平对待的轨道。

2001年开展了清理整顿对农民工乱收费的工作,除证书工本费外,行政事业性收费一律取消。2002年提出"公平对待,合理引导,完善管理,搞好服务"的方针,要消除不利于城镇化发展的体制和政策障碍,引导农业劳动力合理有序流动。2003年国务院办公厅印发了专门促进农民进城务工的综合性文件《国务院办公厅关于做好农民进城务工就业管理和服务工作的通知》,取消对农民进城就业的不合理限制,解决拖欠和克扣农民工工资问题,改善农民工生产生活条件,做好培训工作,多渠道安排农民工子女就学。国务院颁布了《工伤保险条例》,首次将农民工纳入保险范围;废止了《城市流浪乞讨人员收容遣送办法》,明确流入地政府负责农民工子女受义务教育工作,以全日制公办中小学为主;明确各级财政在财政支出中安排专项经费扶持农民工培训工作;提出逐步统一城乡劳动力市场,形成城乡劳动者平等就业制度。2004年中共中央、国务院提出进城就业的农民工已经成为产业工人的重要组成部分,要保障农民工的合法权益,城市政府要切实把对进城农民的职业培训、子女教育、劳动保障及其他服务和管理经费纳入正常的财政预算。2005年中共中央、国务院提出公共就业服务机构对进城求职的农村劳动者要提供免费的职业介绍服务和一次性职业培训补贴。2006年的《国务院关于解决农民工问题的若干意见》明确提出"坚持从我国国情出发,统

筹城乡发展,以人为本,认真解决涉及农民工利益的问题"。对解决工资偏低和拖欠问题,依法规范劳动管理,搞好就业服务和培训,解决社会保障问题,提供相关公共服务,健全维护农民工权益的保障机制等提出了一系列政策,为全面解决农民工问题打下了的政策基础。2007年全国人大通过了《就业促进法》《劳动合同法》和《劳动争议调解仲裁法》。2008年,《国务院办公厅关于切实做好当前农民工工作的通知》提出,广开农民工就业门路,积极扶持中小企业、劳动密集型产业和服务业,提高吸纳农民工就业的能力。2009年,为应对金融危机对农民工就业的影响,国家采取了更加积极的就业政策。2014年国务院为进一步做好为农民工服务工作提出意见。2015年《农业部办公厅共青团中央办公厅人力资源社会保障部办公厅关于开展农村青年创业富民行动的通知》提出形成农村青年创业发展新格局,带动农民增收致富。2019年国税地税征管体制改革方案提出企业必须给每位员工缴纳保险,包括农民工,由税务部门强制为农民购买社保费用。2020年《农业农村部办公厅关于应对新冠肺炎疫情影响扩大农业劳动力就业促进农民增收的通知》指出各地要把扩大农业劳动力就业、促进农民增收作为应对新冠肺炎疫情影响及实现决胜全面建成小康社会、决战脱贫攻坚战目标任务的重要举措。

二、农业劳动力转移政策的内容

我国颁布了《农业劳动力跨省流动就业管理暂行规定》等一系列规范性文件,旨在加强对农民跨地区流动的管理。但是农业劳动力向城镇发展是国家工业化过程中的必经阶段,对于这一现象,应减少限制和阻碍,进行积极的支持。目前,我国农业劳动力转移的政策体系的内容包括以下7个部分。

(1) 鼓励农村人口转移就业,建立城乡统一的劳动力市场和平等的就业制度。清理和取消各种针对农民工进城就业的歧视性规定和不合理限制,取消对企业使用农民工的行政审批和行政收费,不得以解决城镇劳动力就业为由清退和排斥农业劳动力统筹城乡就业,改革城乡分割的就业管理体制,建立城乡统一、平等竞争的劳动力市场,逐步形成市场经济条件下促进农村富余劳动力转移就业的机制,为城乡劳动者提供平等的就业机会和服务。

(2) 解决农民工工资待遇偏低和劳动权益保障问题。健全劳动合同制,规范用人单位的工资支付行为,确保农民工工资按时足额发放;建立工资支付监控制度和工资保证金制度,加大对拖欠农民工工资用人单位的处罚力度;改变农民工工资偏低、同工不同酬的状况;严格执行最低工资制度,合理确定并适时调整最低工资标准,制定和推行小时最低工资标准;严格执行国家关于职工休息休假的规定,延长工时和休息日、法定假日工作的,要依法支付加班工资;建立企业工资集体协商制度,促进农民工工资合理增长;依法保障农民工职业安全和卫生权益,严格执行国家职业安全和劳动保护规程及标准;企业按规定配备安全生产和职业病防护设施,对从事可能产生职业危害作业的人员定期进行健康检查,从事高危行业和特种作业的农民工要经专门培训、持证上岗;禁止使用童工,依法保护女工的特殊权益。

(3) 城乡公共服务平等惠及农业转移劳动力。把农业转移劳动力纳入城市公共服务体系,让其在就业服务、培训、子女教育、居住和疫病防治等方面共享公共服务。

城市公共职业介绍机构向农业劳动力开放，免费提供政策咨询、就业信息、就业指导和职业介绍；保障农民工子女平等接受义务教育的权利，以全日制公办中小学为主接收入学，不得向农民工子女加收借读费及其他任何费用，对政府委托承担农民工子女义务教育的民办学校给予办学经费、师资培训等方面的支持和指导；强化对农民工健康教育和聚居地的疾病监测；输入地政府要把农民工计划生育管理和服务经费纳入地方财政预算；改善农业转移劳动力的居住条件，保证其基本的卫生和安全条件。

（4）加强培训和职业教育，提高农业转移劳动力的就业能力和综合素质。扩大农业劳动力转移培训规模，提高培训质量，继续实施好农业劳动力转移培训阳光工程。完善农民工培训补贴办法，对参加培训的农民工给予适当培训费补贴，推广"培训券"等直接补贴的做法。支持用人单位建立稳定的劳务培训基地，发展订单式培训。输入地要把提高农民工岗位技能纳入当地职业培训计划。把农民工培训责任落实到相关部门和用人单位，对不履行培训义务的用人单位，应按国家规定强制收取职工教育培训费，用于政府组织的培训，充分发挥各类教育、培训机构和工青妇组织的作用。大力发展面向农村的职业教育，支持各类职业技术院校扩大农村招生规模，鼓励农村初、高中毕业生接受正规职业技术教育。

（5）积极稳妥构建农业劳动力的社会保障体系。所有用人单位必须及时为农民工办理参加工伤保险手续。未参加工伤保险的农民工发生工伤，由用人单位按照工伤保险规定的标准支付费用。重点解决农民工进城务工期间的住院医疗保障问题，主要由用人单位缴费。适应农民工流动性大、工资收入偏低的情况和特点，养老保险实行低标准进入，保险关系和待遇能够转移接续，使农民工在流动就业中的社会保障权益不受损害。有条件的地方，可直接将稳定就业的农民工纳入城镇职工基本养老保险。

（6）深化户籍制度改革，为在城市已有稳定职业和住所的农业转移劳动力创造条件使之逐步转化为城市居民。中小城市和小城镇适当放宽农民工落户条件；大城市要积极稳妥地解决符合条件农民工的户籍问题，对农民工中的劳动模范、先进工作者和高级技工、技师以及其他有突出贡献者，应优先准予落户。

（7）健全维护农民工权益的保障机制。保障农民工依法享有的民主政治权利，保障农民工人身自由和人格尊严，保护农民工土地承包权益。健全劳动法规，加大维护农民工权益的执法力度。加强和改进劳动争议调解、仲裁工作，涉及劳动报酬、工伤待遇的要优先审理、简化程序。把农民工列为法律援助的重点对象，工会要以劳动合同、劳动工资、劳动条件和职业安全卫生为重点，督促用人单位履行法律法规规定的义务，维护农民工合法权益。

三、农业劳动力转移政策的实施途径

（1）取消对农业劳动力转移的限制政策，培育和完善劳动力市场。2005年，原劳动部颁布的《农业劳动力跨省流动就业管理暂行规定》《关于严禁滥发流动就业证卡的紧急通知》等一系列文件被废止，为农业劳动力的转移提供了更好的环境。同时，加大力度培育和完善劳动力市场。坚持以市场配置劳动力资源的方向，尊重农业劳动力自主就业的权利；建立健全就业服务体系，大力发展城乡一体化的劳动就业中介组织，提供就业信息服务、职业介绍、技能培训、就业指导等社会化的全套就业服务，引导

农业劳动力有序就业;完善和规范政府管理,以促进统一开放、公平竞争的劳动力市场的形成。

(2)促进农业劳动力转移就业。坚持市场导向、城乡统筹,改善就业环境,拓宽就业渠道,引导各类企事业单位和社区提供更多的就业机会;发展公共就业服务机构,为农村劳动者提供更多就业岗位。加强培训工作力度,有针对性地制订培训计划,提高农村劳动者的就业竞争能力和创业能力。各地区根据本地区的实际情况,制定相应的社会保障制度,确定合理的保障水平,保证农业劳动力无论是行业还是地域的转移过程中,都能得到最低的生活保障。

(3)调整农业产业结构,大力发展乡镇企业。发展精准农业、集约农业,加强农田水利基础设施建设,治理改造中低产田,提高复种指数以及采用高新科学技术等;开拓农业的视野,建立大农业的观点,全面发展种植业、林业、牧业、渔业,通过农业内部结构的调整,促进农业的全面发展,以吸收更多的农村剩余劳动力。同时,乡镇企业依然要发展成为吸收农村剩余劳动力的主渠道之一。在宏观政策上,应给予乡镇企业更多的指导与扶持,为其创造一个公平竞争的制度环境和社会环境,减轻其不合理负担;在产业政策上,应促进乡镇企业调整转型,大力扶持农副产品加工业等劳动密集型产业;在区域政策上,结合小城镇建设,重点扶持中西部地区乡镇企业发展;在技术选择上,应引导乡镇企业走劳动密集型与资本密集型相结合的路子,以提高乡镇企业吸收劳动力就业的能力。

(4)阳光工程。为了加强农业劳动力转移培训工作,农业农村部、财政部、劳动和社会保障部、教育部、科技部、建设部从2004年起,共同组织实施农业劳动力转移培训阳光工程(简称"阳光工程")。阳光工程是由政府公共财政支持,主要在粮食主产区、劳动力主要输出地区、贫困地区和革命老区开展的农业劳动力转移到非农领域就业前的职业技能培训示范项目。按照"政府推动、学校主办、部门监管、农民受益"的原则组织实施。

《农村劳动力转移职业技能培训阳光工程项目管理办法(试行)》规定:"阳光工程培训项目以短期的职业技能培训为重点,辅助开展引导性培训,培训时间一般为15~90天。根据国家职业技能标准和就业岗位的要求,安排培训内容,设置培训课程。职业技能培训以定点和定向培训为主,当前的培训重点是家政服务、餐饮、酒店、保健、建筑、制造等用工量大的行业的职业技能。"

第六章　农业科技推广政策

第一节　农业科技政策概述

科学技术是第一生产力，农业科学技术是推动农业发展最关键的要素。随着全球科学技术的迅速发展，更多地依靠科学技术进步既是农业结构演变的趋向和特征，也是实现农业可持续发展和转变增长方式的基本要求，科技兴农对从根本上解决关系国家兴衰的农业问题具有重要意义。

一、农业科学技术概述

（一）农业科学技术

科学技术是科学和技术的总称，包括科学和技术两个方面。农业科学技术是揭示农业生产领域发展规律的知识体系及其在生产中应用成果的总称，包括农业科学和农业技术两个方面。农业科学是指探索农业领域中自然规律和经济规律的经验总结和知识体系，大致可分为农业基础科学、农业环境科学和农业技术科学。农业技术是指应用于种植业、林业、畜牧业、渔业的科研成果和实用技术，包括良种繁育、施用肥料、病虫害防治、栽培和养殖技术，农副产品加工、保鲜、储运技术，农业机械技术和农业航空技术，农田水利、土壤改良与水土保持技术，农村供水、农村能源利用和农业环境保护技术，农业气象技术及农业经营管理技术等。农业技术是农业科学产生和发展的重要基础，农业科学是农业技术进步的基本前提。

（二）农业科学技术在农业中的地位和作用

农业科学技术产生于农业生产，又通过自身的发展来带动和影响生产力和经济发展，农业生产每一阶段的进步都离不开科学技术。传统农业向现代农业的转化，具体体现为以高科技为主导的高能量、高物质投入代替经验型的简单体力劳动，所以说农业科学技术的发展是农业生产进步的前提。

1. 提高资源利用效率，促进农业可持续发展

将农业科技应用于农业生产实践，能提高农业资源的利用效率。我国是农业自然资源极度贫乏的国家，人均耕地和水资源占有量均低于世界平均水平，农业资源相对贫乏，生态环境脆弱。在农业生产中引入科技会有效地改善制约农业发展的资源状况，促进和实现农业可持续发展。如提高水资源利用率的喷灌、滴灌等各种灌溉技术，可以降低水资源的耗用，使农业在持续发展过程中对水的需求得以减少；中低产田综合开发技术、各种土地改良技术、化肥使用技术可以改善土地质量、提升地力、提高土地产出率，使土地资源总量保持动态平衡，保证土地满足农业持续发展的需要；开发农村沼气、生物质能、太阳能，既可以缓解农村地区能源短缺的状况，又能保护和改善生态环境；在水利科技推动下的农田水利化，可以有效地提高水资源的利用率，变水害为水利，降低水的浪费与污染，保护水质，净化水源。

2. 推动农业资源向广度与深度开发

农业科学技术的进步会促使新的劳动工具的产生和生产方式的改进，极大地改善农业生产条件，使有限的资源生产出更多的产品。农业科技的推广及应用过程是通过科学技术影响农业生产过程的各个要素，促进农业资源向深度与广度开发的过程，每一项农业科技成果在农业生产中的合理使用，无疑都提高了农业资源的转化效率，致使一些原来不能利用的资源得以充分地利用，原来较低的资源利用程度得到提高，显著地提高了资源的产出率。如盐碱地的改造技术可以使荒地变成粮仓，沙漠的综合开发可以形成沙产业；设施农业、集约化种养技术，打破了自然条件的限制，使农、畜、水产品的周年生产成为可能，极大地提高了产品的产出率；海水、淡水养殖技术的进步，使沿海滩涂变成水产品养殖场；地膜覆盖技术使光热得以充分利用，二年三季的地区可以变成一年两季等。

3. 引导农业结构优化调整

农业新技术革命优化了农业原来的产业结构、产品结构、技术结构，使农业的内涵由农、林、牧、渔等第一产业向第二、第三产业延伸。现代生物技术拓宽了培育新物种、创造新产品的途径，信息技术和遥感技术在改进生产管理、合理调配农业资源、优化农业结构、发展区域农业和特色农业方面发挥着越来越重要的作用。例如，德国对甜菜、马铃薯、油菜、玉米等进行定向选育，从中制取乙醇、甲烷，成功地研制出了"绿色能源"。

4. 加快农业现代化，提高农业生产效益

农业现代化的中心是农业科学化，包括生产技术科学化、生产过程科学化、生产管理科学化，农业科学技术的应用为农业现代化和生产效率的提高创造了条件，如农业机械化的实现使农业劳动生产率大大提高，农业作业环境改善，农业作业过程更加精细、标准和规范，从而增加农业产出和提高农业效益等。农业科学化水平越高，则农业现代化实现的基础越好，农业生产效益提高的空间越大。例如，在种植业领域，通过转基因技术实现重组，作物育种已转向优质、高产、超高产、多抗等多目标性状改良，在多种目标性状的遗传改良中已取得了突出的成就，并先后选育出超级稻、专用小麦、优质特用玉米、抗虫棉等农作物，在抗（耐）逆性育种方面，主要是作物抗（耐）寒冷、高温、湿渍、干旱、盐碱、土壤重金属元素等品种选育。例如，农业科学家应用基因技术使棉花朝一个方向生长，棉叶在收获以前全部脱落，这样联合收割机便可以采摘干干净净的棉花，而不会粘有棉叶等杂质。

5. 提高农业生产者的技能水平

承担农业劳动的农业生产者是农业科技成果应用的主体，其生产技能水平和素质的高低直接影响着先进的农业科学技术能否转化为现实生产力，以及农业生产效率的高低。随着科学技术的进步和推广使用,农业生产者的生产技能也相应地不断提高。

6. 保障国家食物安全,巩固和提高农业综合生产能力

人口增长、资源制约、人民生活质量提高和农村劳动力转移,都对农业生产能力提出了更高的要求,主要农产品需求增长的压力将长期存在。因此,要确保农产品有效供给,提高其品质和质量,保障农产品质量安全,必须依靠科技创新,深入挖掘生物遗传潜力,创新种养模式,大幅度提高土地生产率,为现代农业发展提供物质和技术保障。

7. 提高农业抗风险能力

随着农业生产中科学技术的应用,农业的自然风险可以得到减轻甚至消除,从而使农业生产摆脱"靠天吃饭"的困境。比如,温室技术的出现结束了农业生产属于生物过程而不能摆脱自然气候条件制约的历史,开启了按人类的意志决定生产成果的时代。通过农产品的加工储藏技术,利用现代信息技术使农民及时掌握第一手的市场信息等,能提高农民抵御市场风险的能力,比如,美国农业部的经济研究机构和美国农业部的世界展望局每年定期公布 60 多个国家、120 多个品种的市场信息,实际上是运用一系列的技术手段,包括卫星图片的分析、遥感技术、传统的抽样调查、计算机模拟分析等,测算每一个具体农产品的供给量、需求域和价格,给农民一种非常准确、全面的市场预测,从而引导农业生产。

二、农业科技政策的内容和工具

农业科技政策是一个国家或政党在一定历史阶段为保证农业科技的发展和应用,使科技更好地服务于农业经济和社会发展而制订的指导方针和行动准则。

(一)农业科技政策的内容

农业科学技术政策的主要内容包括农业科技发展政策和农业技术推广政策等。

农业科技发展政策是指农业科技发展的战略决策,即总目标、总任务、总方针,包括科技体制,科技的投资、结构和发展重点,智力开发,农业生产布局等方面的政策。

农业技术推广政策包括农业科学研究政策和农业技术政策两个方面。农业科学研究政策是指科技活动中涉及的所有关于农业科技组织管理的政策,诸如经费、人员、设备、成果、信息等管理方面的各种政策。农业技术政策是指与农业有直接关系的各种农业应用技术政策,包括技术引进政策、技术转让政策、能源政策、环境保护政策及技术推广政策。

(二)农业科技政策的工具

政策目标的实现,需要通过一定的政策工具或政策手段来完成。政策工具是为实现一定政策目标,政府采用的具体手段或方式。

罗斯威尔和赛格菲尔德认为政策工具可分为供给型、环境型和需求型三种类型,要保证政策的合理性与科学性,需要平衡使用三种政策工具。

1. 供给型政策工具

供给型政策工具主要是指对政策目标起到直接促进作用的政策，体现着政府的重要导向作用，政府对资金、人才、信息、设施等方面提供有效支持，直接扩大供给，具体细分为资金投入、基础设施建设、教育培训、信息科技支持和公共服务等。对农业科技发展来说，供给型政策工具能改善农业科技相关要素的供给，是农业科技发展的推动力量。

2. 环境型政策工具

环境型政策工具主要是指政府通过计划、法规管制、财务金融、税收制度等一系列客观环境因素，创造和提供有利的政策环境，间接地影响和促进政策目标的实现，体现了政策的隐性影响力。

3. 需求型政策工具

需求型政策工具指的是政府为减少市场的不确定性而制定的有关采购与贸易管制等方面的措施，可以降低各种市场外部不利因素的影响。具体有政府采购、服务外包、国际交流与贸易管制等。农业科技的需求型政策工具主要是通过积极开拓和稳定农业科技市场，以此带动农业科技发展。

第二节　乡村振兴发展的科技创新驱动政策

一、我国农业科技创新的目标

以习近平新时代中国特色社会主义思想为指导，全面贯彻党的十九大和十九届二中、三中全会精神，加强党对"三农"工作的领导，坚持稳中求进工作总基调，牢固树立新发展理念，落实高质量发展要求，紧紧围绕统筹推进"五位一体"总体布局和协调推进"四个全面"战略布局，按照农业农村现代化总目标和"产业兴旺、生态宜居、乡风文明、治理有效、生活富裕"的总要求，以创新驱动乡村振兴发展，统筹部署农业农村领域基础研究、应用基础研究和技术创新工程，推动科学研究、基地建设、人才队伍一体化发展，打造农业农村战略性科技力量，提高农业创新力、竞争力和全要素生产率，为加快推进农业农村现代化提供科技支撑，走中国特色社会主义乡村振兴道路，让农业成为有奔头的产业，让农民成为有吸引力的职业，让农村成为安居乐业的美丽家园。

以农业农村现代化为总目标，坚持农业农村优先发展总方针，以"产业兴旺、生态宜居、乡风文明、治理有效、生活富裕"总要求为科技创新出发点和落脚点，到2022年，创新驱动乡村振兴发展取得重要进展，农业科技进步贡献率达到61.5%以上，实现农业科技创新以有力地支撑全面建成小康社会的目标。农业科技创新能力和技术发展水平显著提升，农业科技型企业快速发展，农业综合效益和产业竞争力显著增强，创新平台、基地和人才队伍建设成效显著，农业农村科技创新体系更加健全，农业农村创新创业生态更加优化。

到 2035 年，创新驱动乡村振兴发展取得决定性进展，科技支撑农业农村现代化基本实现。农业农村科技创新体系更加完善，农业农村科技创新供给能力大幅提升，农业科技实力大幅跃升。农业科技型企业发展壮大，农业高新技术产业竞争力进一步增强，农业新技术、新产品、新模式和新业态不断涌现，促进农民就业创业取得显著成效。科技支撑农业高质量发展，农村人居环境明显改善。到 2050 年，建成世界农业科技强国，支撑引领乡村全面振兴，全面实现农业强、农村美、农民富的农业农村现代化强国目标。

二、创新驱动乡村振兴发展的重点任务

（一）强化农业农村科技创新供给

培育农业农村科技创新主体，健全创新主体协同互动和创新要素高效配置的国家农业科技创新体系。加强农业基础与应用基础研究，实现前沿性和原创性研究重大突破。部署实施一批重点研发专项、重大项目，提升农业农村现代化科技创新水平，强化农业农村现代化科技创新供给。

1. 强化农业基础与应用基础研究

针对农业农村领域重大科学问题、世界科技前沿和未来科技发展趋势，集中优势力量，部署基础和应用基础研究重点方向，实现重大科学突破，抢占现代农业科技发展制高点，为保障国家粮食安全、食品安全和生态安全，提升我国农业产业国际竞争力奠定坚实基础。

2. 实施农业农村现代化技术创新工程

针对事关农业农村现代化建设的重大战略性、关键性技术瓶颈，系统部署种业自主创新、蓝色粮仓科技创新、主要经济作物优质高产与提质增效科技创新、非洲猪瘟等外来动物疫病防控、"第二粮仓"科技创新、现代牧场科技创新、森林质量绿色发展、绿色宜居村镇建设等农业农村现代化技术创新任务，提升关键核心技术创新能力，为农业农村高质量发展提供有力的科技支撑。

（二）统筹农业农村科技创新基地建设

布局一批战略定位高端、组织运行开放、创新资源集聚的科技创新基地与平台，打造农业科技国家战略力量建设和完善符合新时代农业农村科技创新发展的国家实验室、国家农业产业技术创新战略联盟、国家技术创新中心等平台基地网络体系，为农业农村科技创新提供持续的基础保障。

（三）加强农业农村科技人才队伍建设

加强农业农村领域科技领军人才、创新创业人才和创新团队培养，为农业农村科技创新创业提供高端人才保障。深入推行科技特派员制度，鼓励各地创新开展专家服务团等选派方式。积极探索农业农村创新创业的新空间、新业态、新模式，并统筹资源进一步加大倾斜支持力度。实施乡村实用科技人才培育行动，推进各类乡村振兴实施主体的科技素质和职业技能提升。

（四）加快农业高新技术产业发展

推动国家农业高新技术产业示范区、国家农业科技园区、省级农业科技园区的建设发展。总结杨凌示范区干旱半干旱农业发展经验、黄河三角洲示范区盐碱地治理建设经验，围绕现代畜牧业、农机装备、智慧农业、有机旱作农业、热带特色高效农业等主题，培育建设国家农业高新技术产业示范区，推动国家农业科技园区、省级农业科技园区建设，吸引更多的农业高新技术企业到科技园区落户。通过高新技术引领和改造传统农业，用现代商业模式激活农业，打造现代农业创新高地、人才高地和产业高地，推动三次产业融合、产城产镇产村融合和农业上中下游形成产业聚集效应，显著提升我国农业的国际竞争力，通过科技园区的示范带动作用，建立与农户的衔接机制，让农民共享产业融合发展的增值收益，连片带动乡村振兴。

（五）推动县域创新驱动发展

统筹中央和地方科技创新资源，大力支持县域科技创新。支持县域围绕产业发展、民生改善和民众科学素养提升的需要，积极与高校、科研院所合作，大幅提升先进、适用的科技成果在县域的转化应用水平。加大科研成果转化及农业科技创新激励相关普惠性政策在县域的落实力度，营造更加良好的创新环境，充分调动县域企业等各类主体的创新积极性。鼓励县域加强星创天地、科技企业孵化器等创新创业载体平台与成果转化示范基地建设以及科技示范村典型案例培育，加快构建县（市）、乡镇和村三级协同的科技成果推广应用网络，使科技成果更多惠及广大乡村，培育新的经济增长点，发展壮大农村特色新兴产业，走出一条依靠创新驱动县域经济社会协调发展的新路径。

（六）促进农业农村科技成果转化

激励高校、科研院所建立健全专业化科技成果转移转化机构和面向企业的技术服务站点网络，推动科技成果与产业、企业有效对接，加强农业科技成果评估，并通过研发合作、技术转让、技术许可、作价投资等多种形式，实现科技成果的市场应用价值。围绕乡村振兴科技需求，建立农业农村科技成果定期征集机制，征集农业农村先进适用技术、乡村绿色技术和高新技术成果，加强集成应用和示范推广。完善农业农村领域技术转移机构服务功能，完善技术产权交易、知识产权交易等各类平台功能，鼓励技术转移机构探索适应农业农村领域需求的科技成果评价方法，依托互联网促进科技成果在线交易。通过政府引导、社会广泛参与、科技资源系统集成，着力构建公益性与商业性协同的农业农村科技社会化服务体系，促进小农户和现代农业发展有机衔接。健全区域性技术转移服务机构和省、市、县三级科技成果转化应用网络，支持地方大力发展技术交易市场。

（七）注重农业农村科技国际合作交流

发挥农业农村科技创新在"一带一路"建设中的作用，实施"一带一路"科技创新行动计划，立足农业农村现代化发展的特点，与"一带一路"相关国家开展科技人文交流、共建联合实验室、科技园区合作、技术转移四项行动。继续推动联合实验室、联合研究中心、国际技术转移中心等平台建设，广泛举办各类技术培训班，搭建青年科学家交流平台。加强政府间农业农村科技创新合作，支持推进中美、中以、中法等双边政府之间的农业农村科技项目合作，实施中英农业旗舰挑战计划，启动中英智慧农场科技创新合作。推动建设国家引才引智示范基地，通过引进国外先进技术和国外人才智力，派遣农业农村专业技术和经营管理人才出国（境）培训等方式提升我国农业科技核心竞争力。探索在国外建立农业科技示范园区、研发机构、试验示范基地，支持企业在国外设立研发中心，建立科技特派员创业示范园区，开展共同研发、技术培训、科研成果示范和创业示范，加大对农业科技人才和农村实用人才出国（境）培训的支持力度。

第三节　农业科技推广政策

一、农业技术推广与应用的主体、原则和保障措施

（一）农业技术推广与应用的主体

1. 农业技术推广机构及人员

《中华人民共和国农业技术推广法》（简称《农业技术推广法》）第十三条规定，国家农业技术推广机构的人员编制应当根据所服务区域的种养规模、服务范围和工作任务等合理确定，保证公益性职责的履行。

国家农业技术推广机构的岗位设置应当以专业技术岗位为主。乡镇国家农业技术推广机构的岗位应当全部为专业技术岗位，县级国家农业技术推广机构的专业技术岗位不得低于机构岗位总量的80%，其他国家农业技术推广机构的专业技术岗位不得低于机构岗位总量的70%。

《农业技术推广法》第十四条规定，国家农业技术推广机构的专业技术人员应当具有相应的专业技术水平，符合岗位职责要求。国家农业技术推广机构聘用的新进专业技术人员，应当具有大专以上有关专业学历，并通过县级以上人民政府有关部门组织的专业技术水平考核。自治县、民族乡和国家确定的连片特困地区，经省、自治区、直辖市人民政府有关部门批准，可以聘用具有中专有关专业学历的人员或者其他具有相应专业技术水平的人员。

国家鼓励和支持高等学校毕业生和科技人员到基层从事农业技术推广工作。各级人民政府应当采取措施，吸引人才，充实和加强基层农业技术推广队伍。

2. 农业技术推广服务组织

《中华人民共和国农业法》（简称《农业法》）第五十二条第一款规定，农业科研单位、有关学校、农民专业合作社、涉农企业、群众性科技组织及有关科技人员，根据农民和农业生产经营组织的需要，可以提供无偿服务，也可以通过技术转让、技术服务、技术承包、技术咨询和技术入股等形式，提供有偿服务，取得合法收益。农业科研单位、有关学校、农民专业合作社、涉农企业、群众性科技组织及有关科技人员应当提高服务水平，保证服务质量。

《农业技术推广法》第十五条规定，国家鼓励和支持村农业技术服务站点和农民技术人员开展农业技术推广。对农民技术人员协助开展公益性农业技术推广活动，按照规定给予补助。农民技术人员经考核符合条件的，可以按照有关规定授予相应的技术职称，并发给证书。国家农业技术推广机构应当加强对村农业技术服务站点和农民技术人员的指导。村民委员会和村集体经济组织，应当推动、帮助村农业技术服务站点和农民技术人员开展工作。

3. 群众性科技组织

《农业技术推广法》第十八条规定，国家鼓励和支持发展农村专业技术协会等群众性科技组织，发挥其在农业技术推广中的作用。

4. 农业科研单位和教育部门

《农业技术推广法》第二十条规定，农业科研单位和有关学校应当把农业生产中需要解决的技术问题列为研究课题，其科研成果可以通过有关农业技术推广单位进行推广或者直接向农业劳动者和农业生产经营组织推广。国家引导农业科研单位和有关学校开展公益性农业技术推广服务。

5. 其他机构和人员

《农业技术推广法》第十七条规定，国家鼓励农场、林场、牧场、渔场、水利工程管理单位面向社会开展农业技术推广服务。

（二）农业技术推广与应用的原则

《农业技术推广法》第四条规定，农业技术推广应当遵循以下原则：①有利于农业、农村经济可持续发展和增加农民收入；②尊重农业劳动者和农业生产经营组织的意愿；③因地制宜，经过试验、示范；④公益性推广与经营性推广分类管理；⑤兼顾经济效益、社会效益，注重生态效益。第二十二条规定，国家鼓励和支持农业劳动者和农业生产经营组织参与农业技术推广。农业劳动者和农业生产经营组织在生产中应用先进的农业技术，有关部门和单位应当在技术培训、资金、物资和销售等方面给予扶持。农业劳动者和农业生产经营组织根据自愿的原则应用农业技术，任何单位或者个人不得强迫。推广农业技术，应当选择有条件的农户、区域或者工程项目，进行应用示范。

（三）农业技术推广与应用的保障措施

1. 资金保障

《农业技术推广法》第二十八条规定，国家逐步提高对农业技术推广的投入。各级人民政府在财政预算内应当保障用于农业技术推广的资金，并按规定使该资金逐年增长。各级人民政府通过财政拨款以及从农业发展基金中提取一定比例的资金的渠道，筹集农业技术推广专项资金，用于实施农业技术推广项目。中央财政对重大农业技术推广给予补助。县、乡镇国家农业技术推广机构的工作经费根据当地服务规模和绩效确定，由各级财政共同承担。任何单位或者个人不得截留或者挪用用于农业技术推广的资金。

2. 人力保障

《农业技术推广法》第二十九条规定,各级人民政府应当采取措施,保障和改善县、乡镇国家农业技术推广机构的专业技术人员的工作条件、生活条件和待遇,并按照国家规定给予补贴,保持国家农业技术推广队伍的稳定。对在县、乡镇、村从事农业技术推广工作的专业技术人员的职称评定,应当以考核其推广工作的业务技术水平和实绩为主。第三十一条规定,农业技术推广部门和县级以上国家农业技术推广机构,应当有计划地对农业技术推广人员进行技术培训,组织专业进修,使其不断更新知识、提高业务水平。

3. 物质保障

农业技术推广需要一定的物质条件作为保障,比如必要的工作条件、生产资料、实验基地等。《农业技术推广法》第三十条规定,各级人民政府应当采取措施,保障国家农业技术推广机构获得必需的试验示范场所、办公场所、推广和培训设施设备等工作条件。地方各级人民政府应当保障国家农业技术推广机构的试验示范场所、生产资料和其他财产不受侵害。

二、农业技术推广的政策

(一)健全和完善农业技术推广体系

适应农业市场化、信息化、规模化、标准化发展需要,完善体制机制,强化服务功能,提升队伍素质,创新方式方法,促进公益性推广机构与经营性服务机构相结合、公益性推广队伍与新型农业经营主体相结合、公益性推广与经营性服务相结合,加快健全以国家农技推广机构为主导,农业科研教学单位、农民合作组织、涉农企业等多元推广主体广泛参与、分工协作的"一主多元"农业技术推广体系,为推进农业供给侧结构性改革、加快农业现代化进程提供有力支撑。

加强国家农技推广机构建设。强化国家农技推广机构的公共性和公益性,履行好农业技术推广、动植物疫病防控、农产品质量安全监管、农业生态环保等职责,加强对其他推广主体的服务和必要的监管。根据农业生态条件、产业特色、生产规模及工作需要,因地制宜完善农技推广机构设置。创新激励机制,鼓励基层推广机构与经营性服务组织紧密结合,鼓励农业技术推广人员进入家庭农场、农民合作社和农业产业化龙头企业创新创业,在完成本职工作前提下参与经营性服务并获取合法收益。完善运行制度,健全人员聘用、业务培训、考评激励等机制。推进方法创新,加快农技推广信息化建设,建立农科教结合、产学研一体的科技服务平台。落实农技人员待遇,改善工作条件,建立工作经费保障长效机制。

引导科研、教学单位开展农技推广服务。强化涉农高等学校、科研院所服务"三农"的职责,将试验示范、推广应用成效以及科研成果应用价值等作为评价科研工作的重要指标。鼓励科研教学单位设立推广教授、推广研究员等农技推广岗位,将开展农技推广服务绩效作为职称评聘、工资待遇的主要考核指标,支持科研教学人员深入基层一线开展农技推广服务。鼓励高等学校、科研院所紧紧围绕农业产业发展,与农技推广机构、新型农业经营主体等共建农业科技试验示范基地，试验、集成、熟化和推广先进适用技术。

支持引导经营性组织开展农技推广服务。落实资金扶持、税收减免、信贷优惠等政策措施，支持农民合作社、供销合作社、专业服务组织、专业技术协会、涉农企业等经营性服务组织开展农业产前、产中、产后的全程服务。通过政府采购、定向委托、招投标等方式，支持经营性服务组织参与公益性农业技术推广服务。建立信用制度，加强经营性服务组织行为监管，推动农技推广服务活动标准化、规范化。

（二）加快农业科技成果转化应用

依照《中华人民共和国促进科技成果转化法》（简称《促进科技成果转化法》）和有关政策要求，尊重市场规律，遵循自愿、互利、公平、诚信的原则，推动农业科技成果转化应用。完善农业科研院校科技成果快速转化应用机制，强化专业化机构和职业化人才队伍建设，健全科技成果转移转化的统计和报告制度。组织实施应用类农业科技项目时，明确项目承担者的科技成果转化义务，将成果转化情况作为立项和验收的重要内容和依据。建立农业科技成果转化应用信息系统，定期筛选发布重大农业知识产权目录。加强知识产权价值评估和侵权评价认定技术研究，搭建重大知识产权信息共享应用平台。加强农业标准制定工作，对农业新技术、新工艺、新材料、新产品依法及时制定国家标准、行业标准，积极参与国际标准的制定，推动农业先进适用技术推广应用。充分发挥企业技术创新和转化应用的主导作用，鼓励企业与农业科研院校共建研发和技术转移机构等，探索建立政府推动、市场引导、企业化运作的农业科技成果转移服务新模式新机制。

（三）农业技术推广重点项目和行动

《"十三五"农业科技发展规划》中提到农业技术推广的重点项目和行动共有以下15项，分别是农业防灾减灾稳产增产关键技术集成示范工程、主要农作物生产机械化推进行动、保护性耕作技术集成示范工程、同步营养化技术示范应用、草牧业综合配套技术推广项目、农业物联网试验示范工程、水产养殖节水（能）减排技术集成示范工程、稻渔综合种养示范工程、农产品加工关键技术与产业示范工程、农产品质量安全全程关键控制技术推广与科普示范工程、秸秆综合利用技术示范应用、地膜回收综合技术示范应用、畜禽标准化规模养殖技术集成示范工程、全国农业科技成果转移中心建设和农业科技扶贫重点行动等。

第七章 农业财政金融政策

第一节 农业财政政策

农业财政是指国家在农业领域参与社会产品的分配和再分配形成的分配关系和经济活动,简单地说,它就是农业中财政分配关系的总称。在一定时期内,国家会根据经济发展的需要,对农业发展提出一定的目标,然后通过制定一系列的农业财政原则和措施来促进目标的实现,这就是农业财政政策。

一、农业财政政策的目标

国家制定、执行农业财政政策的基本目标是在稳定、发展农业的同时,协调工农、城乡的关系,最终实现农业同国民经济其他部门协调统一发展。农业财政政策的具体目标表现为以下4个方面。

(一) 稳定并促进农业发展

农业是国民经济的基础。但由于农业的产业特性,农业发展中经常面临着资金短缺的困难,这就要求政府通过国家财政给予农业必要的资金支持,促进农业的发展。

(二) 调节农业收入分配

农业财政将一部分集中的国民收入用于农业发展,可以调节国家、农业集体和农民三者之间的利益关系。财政通过"取"和"予"来实现其对政府与农民、城市居民与农民、农民与农民之间的利益格局调整的目标。"取"就是国家将农业集体或农民生产的部分产品以税收的形式收缴并集中到国家手中;"予"就是国家将集中的一部分国民收入直接或者间接返还到农业集体或农民手中。当财政"取"大于"予"时,实质上是农民支援政府和其他产业;反之,当财政"予"大于"取"时,实质上是政府和其他产业支援农民。在经济发展的不同阶段,"取"与"予"之间的关系不同。同样在农业内部,也可以通过对不同地区农民、不同经营者、同一地区不同农民实施不同的农业财政政策以调节农民的收入分配,实现农业收入分配的公平化。

(三) 调节优化农业生产结构

在农业生产中,不可避免地会有与国民经济的发展出现相互矛盾、相互抵触的地方,政府通过采用财政手段对农业进行调节,可以促使农业生产结构与国民经济发展和社会对农业产品的需求相适应。通常采用的是扩张和紧缩两种农业财政政策,对于不适应市场需求的农产品项目实行减少投资、增加税收等紧缩政策,而对于市场需求较好的农业产品项目则采取增加投资、减免税收等扩张措施。通过不同的财政政策,调节农业生产各部门、各生产中资金流量，从而实现对农业生产结构的调控。通过农业财政政策的调节和引导，将农业生产结构按照国民经济发展的需要进行调节和优化，从而促进整个国民经济的协调、健康发展。

（四）调节城乡、工农关系

政府通过运用适当的财政支出政策和税收政策可以调节城乡、工农关系。例如，政府可以通过减免农业税的措施来减轻农业发展的负担；政府可以通过对农业生产的补贴使城市居民获得低价的食品消费；通过低税或者减免税收的政策可以促进农产品加工业的发展等。

二、农业财政政策的政策手段

农业财政政策对农业实施宏观调控的政策手段主要包括农业税收政策和财政支农政策。

（一）农业税收政策

税收政策主要是通过税目的增减、税率的升降，以及税收的附加、加成和减免的实施发挥作用。农业财政政策中税收政策的作用是通过税收政策手段调节农业生产结构和农村收入分配。例如，通过对农业实施轻税甚至免税政策，使农业休养生息，调动农民的生产积极性，促进农业的发展；通过对贫困地区和灾区减免税收调节农村收入分配等。经济发达国家农业税收政策运用的非常广泛，在农业生产及农业投资方面均提供税收优惠，如美国就采取现金收支延期纳税、资本开支和资本收益税额减免等措施来减轻农业负担；此外，经济发达国家对农业的征税主要发生在农业流通环节，而不是生产环节，相应的在一线生产的农民税负很轻；经济发达国家的农业税收政策体现了对中小农场的保护。

（二）财政支农政策

财政支出按照经济性质分类可以分为购买性支出和转移性支出。购买性支出中涉及农业的包括支援农村生产支出和水利气象等各项农业事业费、农村基本建设投资、科技三项事业费等。转移性支出包括农业各种政策性补贴、农业贷款贴息、农村救济等。

财政补贴是一种通过影响相对价格结构，从而改变资源配置结构、供给结构和需求结构的政府无偿支出，它作为一种有效的经济调节手段，在农业发展中是十分必要的且具有积极的作用。

支农惠农政策，中央对农业投入的力度进一步加大，财政支农工作的指导思想也发生了根本性转变，农民与政府的"取""予"关系发生根本性改变。从政策层面上，把财政支农的重点由原来的以促进农业生产为目标，转向以促进农业、农村的全面发展为目标；把整合财政支农资金、发展现代农业、统筹城乡发展作为财政支农新的着力点。2006年，我国取消了农业税这一项存在了许多年的古老税种，进一步减轻了农民的生活生产负担。2006年中央一号文件规定要对国民收入的分配格局开展进一步的调整，国家财政支持对农业和农村的投入要进一步增强，重点支持我国农业及农村经济的快速发展。政策出台后,国家财政支农资金当年的绝对增长量,以及用于农村建设的资金份额比2005年均有大幅度的增长。2008年中央一号文件对未来我国农业和农村工作提出了明确的政策诉求,未来一段时期内,我国财政农业投入的重点将集中在农业基础设施建设、农业加工及物流、财政农村公共服务投入、农村医疗及教育等相关领域。2008年的统计数据显示,中央财政对农业、农村、农民的投入资金规模超过了千亿元,我国财政支持农业的力度不断增强,为农村经济的快速发展作出了巨大贡献。2015年财政支农坚持把农业农村作为各级财政支出的优先保障领域,加快建立投入稳定增长机制,持续增加财政农业农村支出,中央基础建设投资继续向农业农村倾斜。要提高农业补贴政策效能,保持农业补贴政策连续性和稳定性,逐步扩大"绿箱"支持政策实施规模和范围,调整改进"黄箱"支持政策,充分发挥政策惠农增收效应。选择部分地区开展改革试点,提高补贴的导向性和效能。创新涉农资金运行机制,充分发挥财政资金的引导和杠杆作用。改革涉农转移支付制度,下放审批权限,有效整合财政农业农村投入。创新投融资机制,加大资金投入,集中力量加快建设一批重大引调水工程、重点水源工程、江河湖泊治理骨干工程。

第二节 农业金融政策

农业金融是指农村货币资金的融通。它是以资金为实体,信用为手段,货币为表现形式的农村资金运动、信用活动和货币流通三者的统一。农业金融政策是指国家运用金融手段控制、调节农业经济活动所遵循的准则和方略。

一、农业金融政策的目标

农业金融政策的目标是政府通过鼓励农业金融机构加强对农业的融资力度并引导农业金融资金合理运用,为农业发展提供必要的资金保障,以促进农民增收、农业增产、农业生产率提高等目标的顺利实现。一般情况,农业金融政策的目标与农业财政政策的目标是基本一致的,但农业金融政策的目标相对侧重于生产与流通领域,具体可以分为以下五点。

(1) 支持农业生产,尤其是粮、棉、油等关系国计民生的主要农产品生产。

(2) 加强农业基础设施的建设,改善农业生产条件,提高农业抵御风险的能力。政府通过在金融上采取优先考虑的政策来加强农业基础设施的建设,如建立农业水利专项鸡舍基金、开辟长期水利建设贷款等,可以对农田水利设施等基本项目建设起到重要的促进作用。

(3) 促进农产品流通,保证农民的经济收益,保护农民的生产积极性,即国家通过金融政策调节流通中的货币量,稳定货币的购买力,从而稳定农产品价格、保证农民的经济收益、保护农民的生产积极性。

(4) 区域发展目标。通过制定优惠的农业金融政策,如低息甚至贴息的贷款来扶持某些特殊区域,比如贫困地区和老少边穷地区的经济发展。

(5) 为农业生产调节资金余缺。农业具有明显季节性,农业生产的资金需求也表现出明显的季节性,有效的农业金融政策可以帮助解决这类问题。

二、农业金融政策的主要手段

(一) 宏观层面

从宏观层面来看,农业金融政策的主要手段包括以下方面。

1. 构建农业金融体系

许多国家(地区)通过发展多元的农业金融主体,拓宽农业金融渠道,来构建农业金融体系。这些金融主体通常包括政府组建的政策性金融机构、商业性金融机构和农业合作金融组织等。

2. 健全农业金融体制

为提高农业金融服务效率,充分发挥农业金融政策的功能,需要不断地改革和健全农业金融体制,如改善农业政策性金融机构的经营管理水平,促进各农业金融机构之间形成良好的分工合作与竞争关系。

3. 拓宽农业金融资金筹集通道

政府财政资金是有限的,为增加农业金融资金,要注重开辟新的农业金融资金筹集渠道,如利用金融市场发行金融债券、利用国外金融机构吸收国外资本等。

(二) 具体操作层面

如果具体到金融操作层面来看,农业金融政策手段主要包括农业金融规模政策、农业金融结构政策、农业金融优惠政策等。

1. 农业金融规模政策

农业金融规模也称农业金融总量,通过对农业金融资金总量的调控,使农业金融总量稳定在一个适宜的水平上,从而与整体国民经济的发展相适应。常用的调整农业金融规模的手段有农业法定存款准备金率。收缩银根,央行会提高法定存款准备金率;反之,则会降低。采用何种形式的农业金融政策,不仅取决于农业本身法制化状况和国家产业政策,还取决于整个国民经济的形势和国家金融规模、金融结构。

2. 农业金融结构政策

主要体现为"区别对待,择优扶植",是指各类金融机构在对贷款主体进行贷款时,根据贷款主体的项目,决定贷款与否、贷款的额度、贷款期限、优惠方案,引导农村社会资源的优化配置,使各资源在不同部门得以有效利用,对农村的不同产业项目给予不同程度的鼓励或限制。

3. 农业金融优惠政策

主要包括利率调整、贴息、提供担保和豁免债务等。利率政策主要包括2个方面:一方面,通过低利率政策来促进农业金融活动,从而促进农业经济的发展;另一方面,通过差别利率政策来调节农业金融活动,优化农业生产结构,合理配置农业资源。

贴息政策:一般来说,贴息政策是由政府与银行协议达成的,对农民或农业单位取得贷款提供一部分的利息补贴,从而降低其贷款的成本。通过贴息政策还可以引导更多的金融资金投向农业,是政府筹措农业资金扶持农业生产的有效措施之一。

提供担保：农业经营者一般经营资本数额较小，并且承担着来自市场和自然的双重风险，因此"信誉"较低，不易在商业银行中取得贷款。因此，为了帮助农业经营者提高信用度，需要政府以自己的信誉为农民提供担保。

债务豁免：在农业经营者遇到天灾或其他不可抗力因素影响时，将无法按期偿还债务，对于此种情形，国家为其豁免债务，减轻农业经营者的负担，维持农业再生产。

三、我国农村金融组织体系

我国农村金融机构主要由4个部分组成：一是政策性金融机构，以中国农业发展银行为代表；二是商业性金融机构，以农业银行为代表；三是合作性金融机构，主要是农商行（农村商业银行）、农合行（农村合作银行）、农信社（农村信用社）；四是各种新型农村金融机构。

（一）政策性金融机构

中国农业发展银行（以下简称"农发行"）是农村金融体系中的政策性银行，于1994年成立，实行自主经营、独立核算，其职责是负责商业性金融机构所不愿涉及的农业相关的金融业务，服务农村经济的发展，帮助农村金融机构的业务开展。虽然目前农发行的运行态势良好，但是我国仍需建立和完善政策性的金融机构，从而促进农村经济的可持续发展。

（二）商业性金融机构

中国邮政储蓄银行和中国农业银行属于农村金融体系的商业金融机构。中国农业银行在中华人民共和国成立初期，1996年与农信社脱离了行政隶属的关系，在全球银行税前利润排名位列第5位。中国邮政储蓄银行在1990年开始自办阶段，2004年扩大了业务范围，发展开始多元化，2007年起，中国邮政储蓄银行实行了银行与公司化结合的运营模式，开始按照商业银行管理模式运作。

（三）合作性金融机构

农村商业银行（简称"农商行"）、农村合作银行（简称"农合行"）、农村信用社（简称"农信社"）是我国的3种农村合作性的金融组织。农信社从1951年开始实行试点，已经发展60余年。农商行和农合行是在农信社的基础上建立起来的，其网点多且机构分布较广，填补了农村金融机构在农村地区的空白乡镇，也承担了部分国家政策的补助资金发放等工作，为"三农"的发展作出了贡献。截至2020年6月30日，我国共有农合行27家、农商行1 500家、农信社694家。

（四）新型农村金融机构

2006年银监会放宽了金融机构在农村地区的准入门槛后，新型的农村金融机构不断涌现，主要由农村小额贷款公司、农村资金互助社和村镇银行三类组成，扩大了农村金融机构在农村地区的覆盖，填补了部分农村地区的金融空白，经营方式灵活简单，极大地促进了农村经济的发展。

村镇银行是指在农村建设，出资人为境内自然人、境内非金融机构企业法人及境内外金融机构，主要向本地农村、农业以及农民经济发展提供金融服务的银行业金融机构。

首家小额贷款公司"盛邦农贷"于2009年开业,此后小额贷款行业迅速发展,实收资本、贷款余额及年净利润、从业人员数量、组织数目等指标均显著增加。小额贷款公司作为介于民间借贷与正规金融组织之间的一种新型贷款组织,具有以下特征:主要开展小额信贷业务;无法吸收存款,主要依靠自有资金开展贷款业务;业务客户群体与村镇银行一致;发起人一般为非金融机构的企业自然人或法人。

农村资金互助社分为正式金融组织与非正式慈善型金融组织2种形式,正式的金融组织(属于银行类金融机构)具有显著的法律地位。农村资金互助社是由当地居民与有关企业根据自身情况,遵从自动、自发、自主原则上交股金形成的区域性金融组织,其对社员类型具有明确的限制;农村资金互助社创建的目标在于向社员提供存贷款及结算等服务,非入股社员不可办理此类服务;农村资金互助社作为一种小型社区金融机构,有利于社员之间相互协作,具有较强的合作金融属性,以服务社员为宗旨,在日常运作中实施民主制管理,以求达到社员共赢的目的。

截至2020年6月30日,我国共有村镇银行1 633家、贷款公司13家、农村资金互助社42家。

四、我国目前的农村金融政策

(一)建立全国农业信贷担保体系

成立国家农业信贷担保联盟有限责任公司,推动各地完成省级农业信贷担保公司(以下简称省级农担公司)组建,服务对象聚焦家庭农场、种养大户、农民合作社、农业社会化服务组织、小微农业企业等农业适度规模经营主体。目前,省级农担公司已进入向下延伸分支机构、开展实质性运营的阶段,初步形成了全国农业信贷担保体系。

(二)对弱势群体就业创业进行金融帮扶

对符合规定条件的个人和小微企业创业担保贷款,财政部门给予贴息支持,以此减轻创业者和用人单位负担。2018年3月,为进一步加大了支持力度,将农村自主创业农民纳入支持范围,降低贷款申请条件,放宽担保和贴息要求,对优秀创业人员等特定群体原则上取消反担保,对还款积极、带动就业能力强、创业项目好的借款个人和小微企业,可继续提供创业担保贷款贴息。创业者和小微企业申请享受政策的门槛得到大幅降低。

(三)推出各类贷款

1. 小额贷款

中国农业银行、中国邮政储蓄银行、农村信用社和其他各类商业银行均可以提供小额贷款。以农村信用社为例,农户可以持"贷款证"及有效身份证件,直接到农村信用社申请办理。农村信用社在接到贷款申请时,要对贷款用途及额度进行审核,一般额度控制在5万~10万元,具体额度因地而异。农村信用社还有农民联保贷款以三五户农民组成联保小组,相互为彼此贷款担保,有联保的贷款额度比个人信用贷款额度相对高一些。

2. 合作社贷款

农民专业合作社及其成员贷款可以实行优惠利率,具体优惠幅度由各地金融机构结合当地情况确定。可以申请贷款优惠利率的条件有:经市场监督管理部门核准登记,取得农民专业合作社法人营业执照;有固定的生产经营服务场所,依法从事农民专业合作社章程规定的生产、经营、服务等活动;具有健全的组织机构和财务管理制度,能够按时向农村信用社报送有关材料;在申请贷款的银行开立存款账户,自愿接受信贷监督和结算监督;无不良贷款及欠息;银行规定的其他条件。

3. 家庭农场贷款

农业银行对家庭农场的贷款额度最高为1 000万元,除了满足购买农业生产资料等流动资金的需求外,还可以用于农田基本设施建设和支付土地流转费用,贷款期限最长可达5年。

4. 土地经营权抵押贷款

农村土地承包经营权抵押贷款是指农户或合作社将合法的农村土地承包经营权向金融机构申请做抵押的贷款。土地贷款需提交的资料有:身份证明或其他证明材料、土地经营权权属证明资料、农村土地经营权抵押登记申请书、农村土地经营权抵押登记证、土地经营权抵押承诺书、抵押贷款申请书、银行要求的其他材料。

5. 林权抵押贷款

贷款人开展林权抵押贷款业务,要根据抵押财产价值评估制度,对抵押林权进行价值评估。对于贷款金额在30万元以下的林权抵押贷款项目,贷款人要参照当地市场价格自行评估,不得向借款人收取评估费。抵押贷款程序如下:①权利人提交新版"林权证"。②权利人提交书面抵押申请(内容包括个人基本情况、林权情况、贷款额、金融资信证明等)。③权利人是个人的,提交个人身份证复印件;是单位的,提交法人身份证复印件和单位资质证明复印件。④乡镇林业站在书面抵押申请上签署初审意见。⑤县林业规划调查设计队现场评估,制作评估报告。⑥提供金融部门的贷款协议。⑦金融部门提供单位注册复印件和法人身份证复印件。⑧缴费,办理他项权证。

6. 农房抵押贷款

2015年中央发布农房抵押贷款的全国性指导文件,规定农房抵押贷款流程为:贷款人获得农房产权证→向农商行提出贷款申请→双方实地确认房产价值→签订抵押合同→村委会同意集体土地上房屋抵押登记的证明→房屋抵押权登记→贷款发放。参考抵押物的市场价值、变现能力等,确定贷款抵押率,一般为抵押房产评估价值的50%~70%;贷款期限以短期(一年以内)为主,利率根据贷款户信用等级、经营状况而定,一般在基准利率上上浮50%,特别优质的客户还可以适当下浮。

第三节 农业保险政策

2004年,根据保监会安排,在普遍调研基础上,商业保险公司经营政策性农业保险业务开始试点，由此开始了新一轮的农业保险试点。政策性农业保险，可以在世界贸易组织规则允许的范围内，代替直接补贴对我国农业实施合理有效的保护，减轻加入世界贸易组织带来的冲击，减少自然灾害对农业生产的影响，稳定农民收入，促进农业和农村经济的发展。农业保险是解决我国"三农"问题的重要措施之一。

一、农业保险政策的目标

农业保险作为宏观经济政策的重要组成，要反映和服务于宏观经济政策目标和要求。农业保险政策目标可以设定为对效率的追求，在一定程度上从克服市场失灵来提升农业生产效率，通过制度设计达到促进农业发展的目的；如果农业保险的目标是基于分配公平的考量，意味着农业保险能保护作为弱势产业的农业以及作为弱势群体的农民的福利。因此，各国开办农业保险的政策目标主要有两大类：一类是推进农村的社会保障制度建设，提高农民的社会福利待遇兼顾农业发展；另一类是稳定和促进农业生产。发达国家的农业保险一般为前者，发展中国家则多为后者。

因此，考虑到我国目前的实际情况，近期我国农业保险更多追求的是公平的目标，即防范农业风险和稳定农业生产。

具体而言，要建立健全政策性农业保险工作长效机制，提高农户投保率、政策到位率和理赔兑现率，实现"尽可能减轻农民保费负担""尽可能减少农民因灾损失"的目标要求，推动政策性农业保险又好又快地发展。

二、农业保险政策的内容

（一）农业保险的模式

目前，世界上有40多个国家实行了农业保险，这些国家由于经济发展水平不同，社会制度各异，其实行的农业保险的社会背景与政策目标也不相同，因而形成了不同的农业保险制度模式。国外农业保险制度模式主要有以美国、加拿大等国为代表的政府主导型模式，以日本等国为代表的政府支持型相互保险模式，以西欧国家为代表的民办公助模式，以及以亚洲部分发展中国家为代表的政府重点选择性扶植模式4种。

2013年3月实施的《农业保险条例》为中国农业保险设计出"政府与市场合作"即"PPP"（Public-Private Partnership）制度模式。该条例的第三条规定，"国家支持发展多种形式的农业保险，健全政策性农业保险制度。""农业保险实行政府引导、市场运作、自主自愿和协同推进的原则。"这个条款规定，中国发展的农业保险是既包括商业性保险也包括政策性农业保险，而且这种保险是由政府政策支持，并得到各有关部门的共同协助的。

（二）农业保险的种类

随着我国社会经济和农业的发展，我国农业保险的种类、品种一直在不断变化，表7-1是我国现行的农业保险品种，以及政府相关补贴情况。

表 7-1 我国现行农业保险品种和政府相关补贴情况

保险种类	保险品种	补贴地区	中央财政补贴占保费收入的比例	省级财政补贴占保费收入的比例
种植业保险	玉米、水稻、小麦、棉花、油料作物	中部地区和西部省区	40%	至少 25%
		东部地区	35%	至少 25%
		新疆生产建设兵团、黑龙江农垦总局、中国储备粮管理总公司北方公司、中国农业发展集团公司	65%	至少 25%
	马铃薯	四川、内蒙古、河北、陕西、宁夏	40%	
	天然橡胶	海南、广东农垦	65%	
	青稞	四川、青海、云南、甘肃、西藏		
养殖业保险	能繁母猪、育肥猪	中部地区和西部省区	50%	至少 30%
		东部地区	40%	至少 30%
		中央单位	80%	0
	奶牛	中部地区和西部省区	30%	至少 30%
		东部地区	40%	至少 30%
		新疆建设兵团和中央直属垦区	80%	0
	牦牛和藏系羊	四川、青海、云南、甘肃、西藏	40%	至少 25%
森林保险	森林	江西、湖南、福建、山西、内蒙古、吉林、甘肃、青海、广东、四川、广西等	30%（商品林）50%（公益林）	至少 25%（商品林）至少 40%（公益林）
		大兴安岭林业集团	90%（公益林）	
		大兴安岭林业集团	55%（商品林）	

注：根据历年中央一号文件和中央财政农业保险保费补贴工作有关事项的通知整理。

2018 年我国探索开展水稻、小麦、玉米三大主粮作物完全成本保险和收入保险试点，2021 年在 13 个粮食主产省份的产粮大县，全部开展完全成本保险和种植收入保险。

完全成本保险覆盖农业生产的总成本，包括了直接物化成本、土地和人工成本，主要功能是弥补主要自然灾害、重大病虫害等导致的损失；种植收入保险主要覆盖农业种植收入因价格和产量波动而导致的损失。原则上，2 种保险的保障水平最高均可达相应品种种植收入的 80%。

（三）农业保险的参保对象

农业保险主要保险责任为人力无法抗拒的自然灾害，如暴雨、洪水、内涝、风灾、雹灾、冻灾、重大疫病等。凡在从事农业生产的种植场（户）或养殖场（户）均可参加农业保险。

（四）农业保险的投保和理赔程序

农业保险的投保和索赔程序简单、便捷。投保农业保险的农场（户）可自行向保险机构或通过镇村农业服务中心、服务站统一向保险机构提出投保申请，经保险机构实地验标确认后，填写投保单，并交付保险费，由保险机构出具保险单，即完成投保。由镇村统一组织投保的，在出具保险单的同时，由保险机构制作投保清单，并通过"农民一点通"平台进行承保情况公示。

当投保标的遭受灾害损失后，被保险人应及时将遭受灾害的受损情况向保险机构报案，保险机构接到报案后会指派理赔人员（必要时可会同农业技术部门的相关人员）进行现场查勘，定责定损，一旦确定具体的损失情况，被保险人填制相关的索赔单证，送交保险机构，保险机构在收到索赔单证后的十个工作日内，将赔款划付至被保险人账上。由镇村统一组织投保的，由保险机构通过"农民一点通"平台进行定损、理赔情况公示，公示期分别为2天和7天。

（五）农业保险的承保机构

经营农业保险的机构，从最初的中国人民财产保险公司独家经营，截至目前已发展和形成了以专业性和综合性农业保险公司为主的多种经营机构，组成了基本覆盖全国各省区的经营网络。

2004年9月9日，我国第一家专业性农业保险公司——上海安信农业保险公司成立；同年10月国际农业保险经营较为成功的法国安盟保险公司成都分公司获准开业，成为第一家进入中国农业保险领域的外资保险公司；同年12月30日，吉林安华农业保险股份有限公司正式挂牌成立，这是东北地区的第一家专业性股份制农业保险公司。

2005年1月我国第一家相互制保险公司——黑龙江阳光农业相互保险公司正式开业。随后，江苏、湖北、北京等地纷纷建立了农业保险组织。部分省区还成立了渔业互保协会以及谷物、果树协会等风险互助协会。2009年保险经营机构的农业保险业务扩展到包括中西部地区的全国各省、市、区，推动了农业保险的迅速发展。

目前，符合一定条件的保险公司都可以参与政策性农业保险承包机构的遴选工作，并可以成为承保公司。

第八章 农产品流通政策

第一节 农产品流通政策

一、农产品流通政策的含义

农产品流通是农产品购销、仓储、运输以及相应的货币流转的总称。其中,农产品购销是农产品流通的中心环节,它在一定程度上决定了农产品流通体制的变化。

在市场经济条件下,农产品流通是农业生产顺利进行的必要条件。如果流通渠道不畅,就会出现有的地区农产品不足,而有的地区农产品严重积压的现象。因此,农产品流通不仅关系到农产品、农业劳动力和农业生产资料的价值能否实现,还是关系到农业再生产能否顺利进行的大事。

农产品流通政策是市场经济国家整个农业政策的核心部分。按照市场经济的运行准则,农民作为市场主体在组织安排农业生产经营活动过程中,应享有充分的自主权。生产什么、生产多少和怎样生产完全由农民根据市场变化自主做出决策,政府不能以行政指令的方式直接约束农民生产经营活动和经济行为。因此,只能借助市场的力量间接地实现政府的目标,即通过制定和执行农产品流通政策等手段来影响市场与价格,通过市场与价格的变化来指导农民从事农业生产,调节农产品的流通与贸易。

二、农产品流通政策的手段

农产品流通政策一般分为价格政策和市场结构政策两大部分,其政策手段主要有以下几类。

(一)价格政策

价格政策是指能够直接影响到农产品价格水平高低的各种政策措施,包括国内价格政策和对外贸易政策。

1. 国内价格政策手段

国内价格政策手段的具体政策措施有3种:①价格管制措施,包括限制价格措施、支持价格措施和双重价格措施;②补贴措施,包括对农业投入品的补贴措施、对消费者的补贴措施和对生产者的补贴措施;③数量管理措施,包括对生产要素投入量的限制、对市场供给量的限制和对消费量的限制。

2. 对外贸易政策手段

对外贸易政策手段的具体政策措施通常有:①出口鼓励措施,包括出口补贴、生产补贴等；②进口限制措施，包括进口关税、进口配额和外汇许可证等；③限制出口和鼓励进口措施，包括出口关税、进口补贴、征收产业税、复汇率和高估汇率等；④其他措施，包括苛刻的技术标准、进出口的垄断经营等。

（二）市场结构政策

市场结构政策是指那些制约着农产品市场参与者各方的竞争关系和竞争状态，促进市场均衡价格的顺利形成，影响着市场透明度，关系到市场的组织与基础设施建设，旨在提高整个农产品市场宏观运行效率的各种措施。

市场结构政策手段的具体政策措施主要有：市场管制措施、提高市场透明度和促进市场均衡价格顺利形成的措施、改善市场基础设施的措施等。

三、农产品流通政策的目标

农产品流通政策的主要目标包括：①稳定农产品市场，包括稳定农产品供给和市场价格；②维持生产者的价格水平，保证农民收入的增长或稳定；③稳定或降低消费者的食品支出价格，保护消费者的利益；④保护国内农产品市场和农业生产；⑤提高农产品流通效率；⑥增加国家财政收入和促进工业化进程；⑦增加农产品出口，获取更多的外汇收入等。

上述的各项目标之间存在着错综复杂的关系，它们之间既可能是相互促进的，也可能是相互矛盾或者相互独立的。对于决策者来说，最常见和最难以处理的是各项目标之间的矛盾关系。其中，消费者利益目标、生产者利益目标和国家财政收入目标之间存在的此消彼长的关系，是农业政策目标中最基本和最典型的矛盾关系。现实社会中，农产品流通政策体系之所以极其复杂，主要原因在于：为了实现其中某一项目标而又不至于严重损害其他目标，不得不在采取某种政策措施的同时，还采取其他各种能起到相互配合作用的政策措施，如此环环相扣，最终形成一个复杂的政策体系。

由于制定和执行农业政策的背景条件不同，各国对农产品流通政策目标重点的选择也就各不相同。一般来说，发达国家较为注重对生产者利益的保护，而发展中国家则更关注消费者利益和减轻国家的财政负担。

新修订的《农业法》于2013年1月1日起施行，其第二十六条规定："农产品的购销实行市场调节，国家对关系国计民生的重要农产品的购销活动实行必要的宏观调控，建立中央和地方分级储备调节制度，完善仓储运输体系，做到保证供应，稳定市场。"这从法律上明确了我国农产品流通政策的目标所在。第二十七条规定："国家逐步建立统一、开放、竞争、有序的农产品市场体系，制定农产品批发市场发展规划。对农村集体经济组织和农民专业合作经济组织建立农产品批发市场和农产品集贸市场，国家给予扶持。县级以上人民政府工商行政管理部门和其他有关部门按照各自的职责，依法管理农产品批发市场，规范交易秩序，防止地方保护与不正当竞争。"第二十八条规定："国家鼓励和支持发展多种形式的农产品流通活动。支持农民和农民专业合作经济组织按照国家有关规定从事农产品收购、批发、贮藏、运输、零售和中介活动。鼓励供销合作社和其他从事农产品购销的农业生产经营组织提供市场信息，开拓农产品流通渠道，为农产品销售服务。县级以上人民政府应当采取措施，督促有关部门保障农产品运输畅通，降低农产品流通成本。有关行政管理部门应当简化手续，方便鲜活农产品的运输，除法律、行政法规另有规定外，不得扣押鲜活农产品的运输工具。"

第二节 农产品国内价格政策

一、价格管制

在市场经济条件下，价格是一切经济活动的中心，农产品价格自然也就成为农业经济活动的中心。农产品价格的变动指挥着农业生产的扩张与收缩，影响着农产品交易的进行，决定了农产品消费量的大小，进而影响着农民收入的高低。政府为了实现既定的农业政策目标，经常直接干预农产品市场，以提高或降低其市场价格。通过对农产品实行价格管制政策，调控农业生产和农产品贸易，合理配置农业资源，保护农民和农产品消费者利益。

政府根据某种标准或出于某种需要所制定和执行的农产品价格称为有管制的政策价格，有管制的政策价格既可能高于也可能低于没有干预情况下的市场均衡价格水平。政府的政策目标不同，制定政策价格的依据常常也不一样，政府制定有管制的政策价格的依据主要有成本标准、价值标准、供求标准、收入标准、消费者承受能力、国家财政负担能力等。如果有管制的政策价格高于农业生产者所愿意接受的平均价格，就会促进农产品产量超过其长期均衡水平；若低于市场均衡价格水平，则会减少农业产量。同时，政府对农产品实行价格管制还将影响农产品生产者和消费者之间的收入分配以及经济资源的配置效率。政府进行价格管制的政策主要有限制价格政策、支持价格政策和双重价格政策3种类型。

（一）限制价格政策

限制价格政策也叫作"最高限价政策"，它是政府对某种产品规定最高价格的政策。实施最高限制价格政策的目的是使农产品价格低廉而稳定，保护消费者的利益。最高限制价格可能高于市场均衡价格，也可能低于市场均衡价格，具体要视一个国家农民与非农人员的收入差异以及本国农产品生产情况而定。一般国家尤其是发展中国家，农产品的最高限制价格通常控制在市场均衡价格之下，而发达国家的最高限价常常高于市场均衡价格。

实行"配给制"。国家为了维持限价政策，可通过实行"配给制"强制消费量等于市场供给量。这样做的结果是农产品市场价格不会上涨，消费者都能享受到较低的价格，但其消费需求却无法得到充分满足；在限制价格低于市场均衡价格的影响下，农业生产者的生产量会压缩，收入会下降。由于政府实行限制价格和凭证供应的"配给制"，无法消除市场短缺问题，因而往往带来抢购现象和黑市交易的存在。

进口农产品能消除国内供给缺口。在最高限价政策导致市场上农产品供不应求的情况下，为了平衡国内市场上农产品的供求，国家可通过进口农产品来消除国内供给的缺口，即依靠国际市场稳定国内市场。

控制农产品生产和供给数量，并实行低价收购。政府这样做不仅能维持所制定的最高限价，同时也能保证农产品的供给。

实施最高限价政策的难度，取决于这个价格是高于还是低于市场均衡价格水平。如果最高的限制价格低于市场均衡价格，将刺激农民在黑市上以较高的价格出售他们所生产的产品；若最高限价等于或高于市场均衡价格，则比较容易实施。因此，在最高限制价格低于市场均衡价格，政府又想要求农民按照规定的限制价格出售其农产品时，通常还需要制定和实施禁止私下购买或运输指定农产品的法规予以配合才行。

（二）支持价格政策

支持价格也叫作"最低限价""干预价格""保护价格"，是政府为了扶植某一行业的生产而规定的该行业产品的最低价格，相当于农产品市场价格下跌的下限，一般会在农产品收获之前确定并公布。支持价格政策是政府对实行这项措施的农产品规定一个最低价格（政策价格），如果市场价格高于最低价，则政府对市场活动不进行干预；如果市场价格低于这个价格水平，则政府就出面以最终消费者的身份按最低价格实行敞开收购，从而使市场价格不会低于这个价格水平。因而这个价格就称为"保证价格"或"支持价格"，而这种收购农产品的行为被称为"干预性收购"。政府可以通过调整支持价格的高低来发挥其杠杆调节作用：①调高支持价格时，相当于政府传递了提高农民收入的信息，于是农民的生产积极性会提高，进而扩大农业生产；②调低支持价格时，相当于政府释放了消减价格补贴的信号，农民的生产积极性会有所降低，大多选择维持生产，甚至减产。

支持价格可能低于也可能高于市场均衡价格。若低于市场均衡价格，政府维持支持价格的压力很小，此时农产品流通的交易主要通过市场来实现，私营部门在市场上的购买是农产品流通的基本部分，而且它们能支付给农业生产者较高的市场价格。只有当市场价格降低到保证水平时，政府才将充当最后的买主；若保证制定的价格高于市场均衡价格水平，较高的价格将诱使农民生产出比没有干预时更多的农产品，这时政府必须通过干预性收购的手段，吸收并储藏农民本年度内在市场上不能出售或无法利用的农产品，也即收购市场上过剩的农产品。

政府实行支持价格政策的主要目标是稳定农产品市场，增加农产品和产量，保证维持或增加农民收入。

支持价格政策的有效实施通常取决于以下几个前提条件或配套措施：①必须实施贸易保护措施，隔绝国内市场与国外市场，保证实施支持价格政策所带来的好处为本国生产者所获得；②国内市场价格与出口价格之差不大，否则实施支持价格政策花费的成本将大大高于所取得的效益；③产品的供给和需求弹性较小，只有在这个条件下，一个较大的价格上升会带来一个数量不大的供给增加和需求减少，从而减轻政府的财政负担。

支持价格政策具有很突出的作用，比如促进农业稳定增长、保障农民收入、稳定市场价格、调整农业生产结构等。在实施时要选择适当的支持性价位，避免支持性价位过高过低。支持价位过高不利于市场机制对农产品供求过剩进行必要调节；过低则起不到支持性效果，不能实现与上述效率、公平和稳定目标相联系的政策意图。

(三) 双重价格政策

政府也可以对农产品实行双重价格政策，即为生产者制定高于市场均衡水平的最低保证价格，而对消费者则维持较低的最高限制价格。例如，巴西、尼日利亚、墨西哥等都采用这种价格政策以控制其小麦的生产和消费，日本则用它来控制小麦和稻米的价格。

此外，在一些农产品过剩的国家，通常采取的另一种双重价格管理政策是缓冲库存方案，即政府利用农业丰收年份农产品价格下跌时储存的部分产品，在市场价格过高时抛售，以此平抑价格的一种操作方式，将农产品价格稳定在一定的范围内。具体而言，就是当市场价格高于规定的最高价格水平时，政府通过抛售库存农产品迫使市场价格回落；当市场价格低于规定的最低价格时，政府又大量购进农产品迫使价格回升；而当市场价格在上述规定的范围内变动时，政府不进行干预。例如，印度尼西亚就采取这种政策对其稻米价格进行控制。

要保证缓冲库存方案能够发挥应有的政策功效，首先要求农产品必须是不易腐烂变质的耐储藏品，如谷物、糖类、羊毛等；其次还要求政府在市场价格上涨时有足够的存货可供抛售，以便平抑物价，这就要求政府必须为稳定农产品价格建立起数量充裕的收购基金和足够的仓储设施，以满足其收购和存储平抑市场价格必备农产品的需要。

二、补贴措施

(一) 对农产品投入品的价格补贴

农产品投入品的价格补贴是指政府向购置农用生产要素，如化肥、农药、塑料薄膜、农机、种子等的农民提供财政补贴，使农民以较低的价格来购买农用生产资料，或向农用生产要素市场提供财政补贴，使其将农用生产要素以较低的市场价格销售给农民。

农用生产要素是农业生产中必不可少的部分，直接影响到农产品的产出。对农业生产用水、用电、农用工业品等农用生产资料进行补贴，可以降低农业生产成本，从而刺激农业生产，增加农产品的供给数量。具体而言，可以采取对农用生产要素生产商提供税收减免、定额补贴或全额亏损补贴、农用生产要素限价销售等各种形式的补贴。

从理论上讲，对农用生产要素进行补贴将降低农业生产的成本，使农业生产者的供给曲线向右下方平移，从而使市场均衡数量增加，市场均衡价格下降。这将使消费者能够获得更多价廉的农产品，但对农业生产者来说则不一定是好事。虽然农用生产要素补贴将使农产品产量大幅增加，但由于大多农产品的需求价格弹性都很小，农民从增产中获得的净收入增加往往不足以弥补因价格降低所造成的净收入损失。

农产品投入品价格补贴的方式和农用生产要素流通渠道的通畅性，会直接影响到农业生产者是否能享受到这种政策的好处，能否实现增加农产品供给的政策效果。比如，如果农用生产要素的流通渠道不通畅，则补贴的好处就可能被营销部门所截留，农民事实上并未享受到低价的农用工业品供给。如果补贴方式不当，并不能使农用生产要素的生产总量增加,那么农产品生产也将因投入不足而达不到预期的增产目的。

(二) 对食品消费的补贴

根据补贴的形式不同,食品消费补贴可分为直接补贴和间接补贴。直接补贴即明补,是指按一定标准直接给予食品消费者的货币补贴;间接补贴即暗补,是指通过价格扭曲方式(如规定最高限价等)使消费者在通过市场购买食品时实际获得的好处。

按享受补贴的范围来划分,它可分为非目标制补贴和目标制补贴两大类。

非目标补贴是一种人人都可以享受其好处的食品补贴方式,目的是使全社会的每一位成员都公平地得到食品。因此,这种方式也被称作"全民性"或"普惠式"的食品补贴,其具体形式又有非目标食品补贴法和非目标食品配给法两种。前者是政府完全垄断食品的销售或分配;后者是政府通过专门设立的配给粮店或平价粮店出售政府收购或进口的食品。

目标补贴是与非目标补贴相对的,是针对全社会中某一个特定群体的食品补贴制,其目的是增强接受补贴人群获得食品的能力,使这部分人(易受到营养不良危害的人口,如儿童、孕产妇、老人、失业人口和贫困人口)得到足够的食品保障。目标补贴的具体形式可按确定目标的方法和实施目的的不同分为以下 5 种:①目标区域法,即将目标群体集中的区域划为目标区域,在此区域内销售含有补贴的食品。②目标食品法,即补贴那些收入弹性很低的所谓"低档"食品,低收入阶层一般会自动选择消费此类食品,而高收入者不消费或较少消费这类食品。因而,当低收入者消费这类食品时,他们也就享受到了其中的补贴。或者说,这类食品会"自动地"寻找目标群体。③食品券制度,即向应当享受食品补贴的人提供一定数额的含有补贴的食品券,享受者凭此券在指定的商店里以低于市价的价格购买或免费得到一定数额的食品。这种食品券由政府统一印制,并由某个官方机构发给受益者。食品券制度有两种形式:一是按收入水平确定目标即受益者,斯里兰卡、哥伦比亚采取这种形式。作为世界上经济最发达的国家,美国也实行食品券制度,为其人口大约 10% 的低收入者提供廉价的食品,20 世纪 80 年代初每年支出 40 亿~50 亿美元。二是按健康状况确定目标,哥伦比亚、印度尼西亚等国均采用这种方式。④特别营养保证项目,即向目标群体直接提供食品。此项目把目标高度集中于极度食品不足或极易受食品不足威胁的那部分人(如妇女、儿童)。具体而言,该项目又有两类:一是定点消费食品的方式,如利用学校为小学生提供免费午餐,在妇幼保健中心向孕妇和婴幼儿、在存在严重营养不良现象的村庄向村民提供特殊营养食品。采取这种方式的国家有印度、印度尼西亚、哥伦比亚、巴西等。美国也对在校儿童供应午餐,其费用的四分之一由政府承担。二是受益者将食品领取回家食用。⑤以工代赈项目,即目标群体以其劳务换取一定数量的食品。这通常是对失业者采取的,而且是短时的。

(三) 对生产者的补贴

对生产者的补贴可以分为直接补贴和间接补贴 2 种。

直接补贴包括差价补贴、休耕补贴、税收减免、低利贷款及财政拨款等形式,实施这种补贴的主要目的是提高生产者的收入。

差价补贴是指政府每年事先制定出一个通常高于世界市场价格的目标价格,作为国内农业生产的指导价格,农民在按自由市场交易价格出售其产品时,政府则按目标价格与世界市场价格之差对农民实行补贴,也就是说农民每出售一个单位的农产品,便相应地从国家获得一笔补偿(目标价格与当时世界市场价格之差)。目标价格是政府为保证农民有一个比较合理的农业销售收入而设立的用于计算支付给农民补贴额的价格,相当于政府为农民确定了一个合理的单位农产品销售收入水平。政府通过设定目标价格,支付差价补贴,可以避免使用支持性收购时多导致的农产品仓容压力及其额外支出,减轻财政负担。同支持价格一样,政府也可以通过调整目标价格的大小来发挥其杠杆调节作用。差价补贴实质上为支持价格政策,其政策效应与支持价格政策效应相似。但差价补贴政策的实施很可能会改变产品的贸易结构,即在自由贸易条件下应该进口的产品,在差价补贴政策支持下有可能出现生产过剩反而成为出口产品。

休耕补贴是指政府对参加休耕计划的农民按照其退出农业商品生产的资源和受援标准给予补贴。这是欧美等农产品过剩的发达国家采取的另一种重要的生产者补贴措施,其目的是通过对休耕土地的直接补贴,实现农产品数量限制,控制农业生产规模,在减少农产品供给的同时又保证生产者的收入。土地休耕补贴可以针对所有农作物品种发放,也可以针对特定品种的农作物发放。政府可以通过调整单位休耕面积补贴额的大小和休耕面积的比例来引导农民增加或减少土地休耕面积,达到调控农业生产的目的。美国农业限产计划中的一项重要内容就是休耕补贴,其基本目的是把耕地面积减少的额度和结构,同某种或某几种重要农产品的期末库存与消费量之比的高低联系起来,以达到既控制农产品供应,又保护农产品价格的目的。

三、数量管理

数量管理也就是实行限量政策,这是国内农产品价格政策中的又一重要领域,可以划分为对生产要素(主要是土地和牲畜)投入的限量、对市场供给的限量和对消费的限量。这种限量既可能是规定上限,也可能是规定下限。

(一) 对生产要素投入量的限量

在农产品过剩的国家,往往对生产要素投入实行上限限制,从而间接限制农产品的生产和供给。对生产要素投入量的限量具体可以采取实行休耕计划、减少生产面积、作物转产等措施。农户数量、生产规模会直接影响该限量政策的实际执行情况。例如,1961年开始,美国政府规定农场主至少要停耕20%的土地,农场主可以从政府手中得到相当于这部分土地正常年景产量50%的现金或实物补贴,对超过20%休耕的土地,补偿的比例可以提高到60%。1965年后,美国将休耕分为2种:一种是无偿休耕,即规定只有按照政府要求休耕一定比例的土地,才能参加诸如无追索权贷款等优惠计划,政府对这部分休耕土地无直接补偿;另一种是有偿休耕,指对超过政府规定无偿休耕比例之外再休耕的土地,政府给予补偿。

(二) 对市场供给量的限制

在农产品过剩的国家,常常还采取对农产品市场的供给量实行上限限制的政策来保证生产者的收入水平。只有当政府能够充当最后的消费者对农产品实行敞开收购时,对农产品市场供给量的限制政策才会有效。这时,除了有限制生产要素投入量的政策效应外，政府还需要为收购农民过剩的农产品安排一定的财政支出，否则过剩的农产品必将冲击农产品市场。

对于那些需求弹性很小的农产品来说，对市场供给量实行上限限制还是一种非常有效地提高农民收入的手段。由于对农产品的总体需求以及对大部分单项农产品需求的价格弹性均较小，所以可以通过缩减供给的办法使农民的收入获得长期的提高。

在农产品供给不足的国家，尤其是欠发达国家，为了保障食品供给和工业化发展必需的农产品供应，一般对市场供给量实行下限限制。

1985年，我国粮食政策开始由原来的统购统销改为定购统销和议购议销"双轨"运行的政策，其中，定购政策就是对供给量实行下限限制的一个特例。

（三）对消费量的限制

对消费低的限制政策有上限限制和下限限制2种，在食品供给量小于需求量的情况下，会实行对消费量的上限限制，典型例子是食品实行定量配置制度。由于食品的需求价格弹性较小，尤其在生理需求未获得满足的情况下更小，而对那些维持生存所必需的食品来说，其需求价格弹性几乎为零，所以在市场供不应求时，实行定量配给制会抑制商品价格的大幅度上升，避免出现因食品价格大幅上升而造成的分配不均衡，即高收入者的消费充足或过量而低收入者的消费量严重不足，分配的不均衡会加大阶层分化，不利于社会的公平和安定，因此对这些稀缺必需品按人头进行平均分配是非常有必要的，可以使不同社会阶层的人不会因其收入的高低而影响到对这些稀缺必需品的消费量，保证人们的生理需要能得到大致相同的满足，从而保障社会的公平和安定。

在农产品过剩和实行贸易保护主义政策的国家中，有时候也对消费者消费农产品数量实行下限限制规定，例如对饲料加工厂作出规定，在其所购入或使用的谷物原料中，必须保证一定的比例是来自本国生产。不过，严格来说，这种消费限量规定只是对中间消费者而不是对最终消费者的数量管理。

第三节　农产品国际贸易政策

农产品对外贸易是一国与其他国家或地区进行的农产品交易活动，它是农产品国内贸易的延伸和扩展。农产品对外贸易政策是一国政府为农产品对外贸活动规定的基本行动准则和采取的重要措施的统称。

《农业法》第三十条规定："国家鼓励发展农产品进出口贸易。国家采取加强国际市场研究、提供信息和营销服务等措施，促进农产品出口。为维护农产品产销秩序和公平贸易，建立农产品进口预警制度，当某些进口农产品已经或者可能对国内相关农产品的生产造成重大的不利影响时，国家可以采取必要的措施。"

制定和执行正确的农产品对外贸易政策，有利于加强本国与外国在经济上特别是农业经济方面的联系与交流，可以促进本国的农业现代化和经济发展。

一、农产品出口竞争政策

农产品出口竞争政策是指在世界贸易组织农业协议以及其他双边或多边国际协议

等相关规则约束下,一国(或地区)政府为扩大本国(或地区)农产品出口所采取的一系列旨在提高本国(或地区)农产品国际市场竞争力的边境措施。

农产品出口竞争政策是为国内农业政策目标服务的,其目标不仅仅是扩大农产品出口,而是通过扩大出口来实现国内政策目标,也即通过实施农产品出口竞争政策来鼓励农产品出口,以保护本国或本地区农业生产者的利益。保持和提高本国和本地区对国际农产品市场的影响力,增加财政收入或减轻财政负担,维护本国或本地区消费者的利益。

按照政府为鼓励农产品出口所采取措施的性质,农产品出口竞争政策可分为农产品出口补贴和农产品出口促销政策。

(一) 农产品出口补贴

农产品出口补贴是指政府直接或间接付给农产品出口商的货币补贴或实物补贴。农产品出口补贴政策是一种最常见的出口竞争政策,其目的在于通过鼓励出口以减消国内产品过剩状况或者换取外汇收入,当农产品的国内市场价格高于国际市场价格时,一般都选择采取这种政策措施。出口补贴的方法,既可以是直接的现金支付,也可以是间接地降低出口产品的成本。

1. 直接出口补贴

直接出口补贴属于世界贸易组织农业规则重点规范和约束的一种出口竞争手段,主要措施包括:①政府或其代理机构依据出口业绩向企业、行业、农产品生产者、农产品生产合作社及其他协会,或者向销售部门提供的直接补贴,包括实物补贴;②政府或其代理机构对农产品非商业性库存的出口销售和处理提供价格优惠;③政府为减少农产品出口的销售成本而给予出口商的补贴,包括向农产品处理、包装等加工环节以及国际运输等提供的补贴;④政府为出口装运货物的国内运输和装货,制定或授权制定优惠的收费标准;⑤政府对附随于出口产品组合中的农产品提供的补贴。

直接出口补贴政策一般都与国内保证价格政策结合起来运用,即政府保证支付农产品国内市场价格与国际市场价格之间的差额。在直接出口补贴政策的支持下,出口数量会增加,国内市场供给则相应地减少,从而有利于稳定农产品市场价格并有可能导致价格一定程度的上涨。通过政府补贴,出口农产品也得到了与国内市场销售相同的价格。

2. 间接出口补贴

间接出口补贴属于国际贸易中较为通用的一种出口竞争手段,主要措施包括出口信贷和出口退税等。

出口信贷是指政府为降低本国或地区农产品出口成本、提高本国或地区农产品国际竞争力,而向农产品出口商提供的出口信贷补贴、出口信贷担保或优惠贷款利率等信贷服务。出口信贷补贴具有扭曲农产品贸易的作用,属于世界贸易组织农业规则所规定的"黄箱"政策。

出口退税是指对出口商品免征国内同类商品所缴纳的各种国内税收,或在商品出口以后,政府允许企业申请退回进口原材料时支付的关税。出口退税可使出口商降低出口农产品的价格，提高其国际竞争力。出口退税率越高，越有利于扩大出口，而且只要出口退税最大幅度不超过"零税率"，出口退税就不违背世界贸易组织规则，灵活性较高。它是国际上通行的、并为各国所接受的鼓励出口的措施。

出口补贴政策的共同结果是降低出口产品的成本，提高出口产品的实际收益。出口补贴对生产、消费、价格和贸易的影响将会因其在国际市场上的份额大小而不同。

（二）农产品出口促销

农产品出口促销政策泛指政府所采取的除出口补贴之外的其他鼓励农产品出口的边境措施，政府实施农产品出口促销政策的目的在于拓宽农产品出口市场，扩大国外对本国或本地区农产品的需求，以及提高本国或本地区农产品出口商进入国外农产品市场的能力，增加出口机会。

农产品出口促销支持政策的具体措施较多，常见的有：①开展多层次的国际性农产品公共宣传活动，如政府资助企业加强国外公共宣传、举办或组织企业参加农产品国际展览等；②提高企业开发国外市场的能力，如政府扶持农业行业团体和协会在国外建立开拓市场的有关机构等；③政府采集、统计和分析国外农产品市场信息，为出口企业提供国外进口商资料、农产品技术标准等信息服务；④降低贸易壁垒，改善贸易条件，如开展高层外交防务、向出口目的地提供积极的援助和赠与、参加双边和多边贸易协定等。

二、农产品市场准入政策

农产品市场准入政策是指在世界贸易组织农业协议以及其他双边或多边国际协议等相关规则约束下，一国（或地区）政府为限制或减少国外农产品进入本国（或地区）市场所采取的一系列旨在构筑农产品贸易壁垒的边境措施。农产品市场准入政策通过限制农产品进口，希望达到保护国内生产者和消费者、保护环境和协调国内政策等目的。

（一）农产品关税壁垒

农产品关税壁垒指在关税设定、计税方式及关税管理等方面阻碍进口的做法，如对进口农产品计征关税，以降低其在出口地区的价格竞争优势。为增强贸易壁垒的限入作用，关税壁垒除提高名义关税税率外，还可运用选择计税方法、设置关税结构、调整关税配额等手段。

1. 选择计税方法

关税的计征方法一般有从价税、从量税和混合税等。从价税是依据进口商品价值大小而征收一定比例的关税；从量税是依据产品进口数量多少按照某一个固定税率征收关税；混合税是指对所征商品中的部分商品使用从价税标准，而对另一部分商品使用从量税标准，是对从价税和从量税的综合运用，对同一种商品按不同的征税方法计征，实际税负相差很大。因此，许多国家或地区往往通过对不同的课征对象选择不同的计税方法，以最大限度地增加进口成本，降低进口农产品价格竞争优势，如对粮食等大宗农产品采用从量税，对牛肉、水果及其加工产品等价值较高的产品采用从价税。

此外，大多数国家和地区也采用季节性关税，即在国内农产品市场旺季提高关税，在一定程度上削弱国外农产品的市场竞争力。

2. 设置关税结构

关税结构是指，政府对不同的农产品征收不同税率的关税。关税结构对关税保护程度有很大影响。同样的关税水平（以平均名义关税率表示），不同的关税结构，关税实际保护效果会有很大差异。例如，A国对各种农产品课征t水平的从价税，而B国对不同农产品课征不同水平的从价税，有些农产品从价税低于/甚至免税，有些农产品从价税高于t，但从价税平均水平仍为t。在这种条件下，B国可以在名义关税约束情况下，加大对某些农产品（如敏感性产品）的关税保护，而A国的关税结构则达不到对敏感性产品重点保护的效果。于是，世界贸易组织成员一方面按照农业规则要求削减关税水平（指平均名义关税税率）；另一方面，通过设置或调整关税结构，提高关税有效保护率，增强关税保护程度。

实践中，关税结构的常见形式有关税高峰、关税升级和限制性关税。关税高峰是指对大多数农产品征收较低的进口关税，但对少数敏感性产品（政府希望保护的产品）设置较高的关税。这可对国外具有竞争力的农产品形成较高的关税壁垒，降低市场准入机会或减少进口量。

关税升级是指对加工品的关税税率随着农产品加工程度的提高而逐步提高的关税管理办法，即制成品的关税税率高于中间产品的关税税率，中间产品的关税税率高于初级产品的关税税率。关税升级通过对原材料给予低税而对加工品课以高税，提高对加工品增值部分的保护程度，起到限制加工品进口，促进国内农产品加工业发展的作用。

限制性关税是指政府为限制或禁止进口某种国内需要保护的农产品，对该农产品进口课征高税。

3. 调整关税配额

关税配额是指进口国对进口货物设定一数量限制，对在某一限额内进口的货物可以适用较低的税率或免税，但对超过限额后所进口的货物则适用较高或一般的税率。这是在乌拉圭回合多边贸易谈判中，为解决部分敏感农产品的市场开放问题而建立起来的一种介于关税和进口配额措施之间的进口限制政策。关税配额是一种进口国限制进口货物数量的措施，政府通过调整关税配额，特别是提高配额外的关税税率，可以起到减少额外农产品进口的效果。

（二）农产品非关税壁垒

贸易多边组织和双边谈判协定的制约，使国际贸易中的关税壁垒、数量限制等传统非关税壁垒逐步弱化，取而代之的是各种新型非关税壁垒以及传统非关税壁垒在特定行业和领域的例外使用。

世界贸易组织官方将非关税壁垒分为技术标准类壁垒、贸易防御类壁垒、农业壁垒和其他壁垒四大类。其中，技术标准类壁垒具体有技术性贸易壁垒、动植物卫生检疫措施等小类；贸易防御类壁垒包括反倾销、反补贴和保障措施；农业壁垒包括特别保障措施、关税配额、出口补贴等；其他壁垒有数量限制和国有贸易企业壁垒等小类。

当前国际贸易中的非关税壁垒，主要是技术性贸易壁垒和动植物卫生检疫措施。根据联合国贸易和发展会议与世界银行联合发布的数据，2018年非关税措施的总交易成本约为3250亿美元，大量非关税措施逐渐成为贸易保护主义的主要手段。其中，技术性贸易壁垒使用最多，占所有非关税措施的41%，涉及对包装、标签等的要求以及所有合格评定措施。动植物卫生检疫措施的使用位居第二，占所有非关税壁垒的35%。动植物卫生检疫措施包括确保食品安全并防止疾病传播的限制，以及与食品安全有关的合格评定措施。

1. 技术性贸易壁垒

技术性贸易壁垒是指不同国家之间进行商品交换时，由于实行的技术法规、标准、认证制度和检验制度等方面的差异而形成的贸易壁垒，主要包括技术标准规定、卫生检疫措施规定以及商品包装和标签规定等。随着国际市场竞争的激化，不少经济发达的国家基于保障国家安全、保护人类和动植物健康生长、保护生态环境、防止欺诈行为、保证产品质量和保护消费者利益等理由，在实施贸易进口管制时，以技术为支撑条件，利用其技术上的优势，对进口产品采取强制性或自愿性的技术措施，通常以颁布国家或地区的技术法规、规则协议、条例、技术标准、认证制度等形式出现，对进口产品制定过分严格的技术标准、卫生检疫措施、商品包装和标签规定，加大进口产品的技术要求，提高进口难度，对商品进口实行限制。在技术标准方面，不少国家尤其是发达国家，对许多农产品的技术安全标准的要求越来越高，国外农产品必须符合其严格规定的技术标准，才允许进口，否则不能进口。在检疫方面，要求必须进行卫生检疫的商品越来越多，且卫生检疫的规定也越来越严。在商品包装和标签方面，不少国家对要在国内市场上销售的进口商品，制定了许多有关包装和标签的使用条例，并且这些条例或规定是不断变化的，这就使许多国外农产品一时难以适应而不能进口，或不得不重新包装、更换标签才能进口，从而增加成本，削弱进口产品的竞争力。

技术性贸易壁垒往往包含科技、卫生、检疫、安全、环保、产品质量和认证等多方面的技术性指标体系，名目繁多且灵活多变。技术性贸易壁垒已成为国际贸易保护主义的合法外衣，是当前国际贸易中最为隐蔽、最难对付的非关税壁垒，是世界各国尤其是发达国家人为设置的贸易障碍。在国际贸易往来中，一些国家通过增加技术性贸易壁垒的强度，采取各种技术性贸易措施来保护本国利益和本国产品，实现保障国家安全、保护消费者利益和保持国际收支平衡的目的。

国际贸易中的技术措施，既可能是进口国从保护生态环境、保障人体健康和安全、提高进口产品质量、保护消费者安全和利益等角度出发，对进口商品采取的各种技术性规定，也可能是进口国以合法合规的技术指标为借口来为国际贸易设置障碍。这些技术性指标体系或措施本来是中性的，之所以成为贸易壁垒，是很多国家或地区主观利用产品生产、检验和认证过程中存在的技术差异，以限制或阻碍某些国家和地区的产品进口，为国际贸易造成障碍。

技术性贸易壁垒通常以复杂的技术法规、种类繁多的技术标准、难度较高的评定程序等形式表现出来技术法规是进口国有关部门或机构制定的与技术措施有关的法律、条例、规章，以及专门适用于产品、工业或生产方法的技术规范、准则、惯例、专用术语、包装、标志、符号等方面的规定。凡是不满足技术法规的进口产品，将被判定为问题产品，接受"改进""退回"或"销毁"等方式的处理。技术标准可分为国际标准、国内标准和行业标准，它们之间可以用相互认可的方式来执行。技术法规由不同国家制定，不同国家对进口产品的要求不同。如果说技术法规具有十足的刚性，那么产品标准为贸易壁垒设置提供了较大的自由度。一国可以从国际、国内和行业标准中进行选择，这无疑给其设置壁垒带来诸多选项，至于选择的标准自然是手段较为隐蔽、保护较为有利、操作较为便利的。合格评议程序用来确认进口产品是否符合技术法规以及技术标准的规定和要求，具体通过抽样检查、检验及验证、评估等环节来实现。有的进口产品须有专门权威机构出具的证明才能得到确认，有的还需要相关机构的注册、认证才能得到确认。在评定流程中任何环节出问题都将导致进口商品被判定为问题产品。

2. 动植物卫生检疫措施

动植物卫生检疫措施是一国为保护食品安全和动植物健康与安全而采取的降低风险的技术性措施，其宗旨是保护人类与动植物的健康安全，促进农产品贸易持续健康发展。动植物卫生检疫的具体措施包括最终产品标准、生产和加工方法，动植物检疫处理，与食品安全直接相关的包装和标签要求，有关统计办法、抽样程序和风险评估方法，以及检测、检验、出证和批准程序等。

《实施动植物卫生检疫措施协议》是世界贸易组织关于各成员货物贸易的一项重要协定，属于关贸总协定乌拉圭回合贸易谈判的重要成果。该协议承认，为了保护人类生命、健康和安全，为了保护动植物的生命、健康和安全，制定动植物产品及食品的检疫要求，实施动植物检疫制度，是每个成员的权利，但是这种权利不是不受约束的，而是以动植物检疫措施不对贸易造成不必要的障碍为前提，应该仅在保护人类、动植物的生命与健康的限度内实施，各成员在制定动植物检疫措施时，要把对贸易的影响降到最低，且不得对国际贸易造成变相的限制，该协议的宗旨是避免各成员的动植物卫生检疫措施给国际贸易带来不必要的障碍，使国际贸易自由化和便利化。在动植物卫生检疫措施的制定方面，以食品法典委员会、国际兽疫局和国际植物保护公约的标准为基础，开展国际协调，促进货物贸易中动植物卫生检疫措施的标准化和国际化，遏制以带有歧视性的动植物卫生检疫措施为主要表现形式的贸易保护主义，最大限度地减少和消除国际贸易中的技术性壁垒，为世界经济全球化服务。

随着国际贸易的发展和贸易自由化程度的提高，世界各国所实行的动植物卫生检疫制度对国际贸易产生的影响日益增强。尤其是一些国家为了保护本国动植物产品市场，保护国内消费者的利益，满足消费者对健康、安全等的隐性需求，制定了相应的卫生检疫制度，对进口商品的品质进行检测和鉴定，利用隐蔽性很强的动植物卫生检疫措施来阻止国外动植物产品进入本国市场。比如，因镉超标，俄罗斯联邦兽医和植物卫生监督局宣布自2021年8月10日起对我国舟山某水产企业产品实施强化实验室检测。

三、出口限制和进口鼓励政策

政府对农产品实行出口限制政策,主要原因是农产品是一国最基本的生活资料,是本国比较稀缺和比较重要的商品,要首先保证满足本国的需要。另外,还可以通过出口限制稳定并控制国际市场价格,增加政府外汇收入。当然,实施这种政策有时还有政治目的,主要是限制对敌对国家和不友好国家的出口。

(一) 出口限制

出口限制的手段包括直接的数量管制(如出口配额、出口许可证、外汇管制等)和间接的价格干预(如出口税、产业税、复汇率和高估汇率等)。

不管使用什么政策手段,限制出口虽然可能使消费者和政府受益,但会给生产者带来损失。限制出口对整个社会经济福利的影响,则取决于限制措施和出口国在国际市场上的地位。若出口国是国际市场上的主要出口国,出口的减少将导致国际市场价格上涨,而贸易条件的改善将可能增加出口国整体的社会经济福利。

(二) 进口鼓励

政府实施进口鼓励政策主要是针对一些国内短缺且关系到国计民生的物品,如粮食等,主要目的是保护国内消费者。进口鼓励政策包括进口补贴和消费补贴。进口补贴会影响国内市场的价格,减少国内同类产品的生产,其对国内生产、消费和社会经济利益的影响与进口关税正好相反。消费补贴在国内农产品价格管理政策中已经涉及,它通过支持消费来扩大进口,对本国生产价格和生产量都没有影响。

第九章 农产品质量安全政策

第一节 农产品质量安全政策目标

在一定的历史时期,政策的目标是相对稳定的,即不随着人们主观意识的变化而变化。农产品质量安全政策的目标是指农产品质量安全政策所要解决的现实问题以及所要实现的期望状态。根据我国实际情况,我国先后制定了《质量发展纲要(2011—2020年)》《"十三五"全国农产品质,量安全提升规划》等政策性文件。在这些政策性文件中,明确了农产品质量安全政策的目标、任务。通过梳理和分析中国农产品质量安全相关政策,发现其目标主要在于以下三个方面。

一、提高农产品质量安全水平,确保农业生产发展

20世纪90年代末,我国农产品供应出现了历史性的变化,农业发展不仅注重数量增长,更关注质量提升,进入了增加数量和提升质量的新阶段。与此同时,社会上出现了影响较大的食品安全事件,如"孔雀石绿"事件、"三聚氰胺"事件、"皮革奶"事件等。人们对农产品质量安全问题的关注度与日俱增,政府也开始致力于农产品质量安全政策及相关法律法规的完善。2007年中央一号文件强调,要建立农产品质量可追溯制度、农资流通企业信用档案制度和质量保障赔偿机制。2009年、2013年和2015年的中央一号文件都强调了农产品质量安全政策中的全程监管政策。随后,《我国质量兴农工作的总体形势及工作重点》中提出,关于农产品质量安全工作的开展,可以从抓基层、重追溯、严监管等方面入手,对标准化政策、全程监管政策也提出了新要求,以利于农产品质量安全政策的完善。由此可知,提升农业生产力水平,确保农业生产发展,是农产品质量安全政策的目标之一。农产品质量安全水平的提升、农产品有效供给的保障,需要提升源头控制、标准化生产、品牌带动、风险防控、农产品质量安全监管这五大能力,贯彻"四个最严",即最严谨的标准、最严格的监管、最严厉的处罚、最严肃的问责。《全国农业现代化规划(2016—2020年)》提出,要通过提升源头控制能力、标准化生产能力等五大能力来确保农产品质量安全,最终提升农业生产力水平,保障农业生产发展。在《2017年农产品质量安全工作要点》一文中,农业部办公厅阐述了绿色优质农产品供给的重要性,提出要提升农业生产力水平,保证农业生产发展。可见,增加农产品的有效供给,保障农产品质量安全,最终也要落脚到提升农业生产力水平,确保农业生产发展的目标上来。

二、保障农产品质量安全,维护人民生命健康

根据2006年以来中央发布的系列一号文件可知,提升农产品质量安全水平,保

障农产品质量安全，维护人民生命健康，一直是农产品质量安全政策的目标之一。保障人民群众吃上安全放心的农产品，是党和政府维护广大人民群众整体利益的重点体现。2006年中央一号文件中突出强调，特色农业和生态农业发展的目的，就是为了生产优质安全绿色农产品，从而保障农产品的质量安全及人民群众的生命健康安全。2007年中央一号文件提出，通过对农产品产地环境的保护和产品质量的检验检测，加强"三品一标"建设，形成一批知名品牌，确保人民群众"舌尖上的安全"。2015年中央一号文件强调，不仅要重视名特优新农产品的发展，而且要关注知名品牌的培育，在农产品生产销售的过程中去培养农产品生产者、经营者和销售者的品牌意识，既能提升人民群众的幸福感，也利于农产品质量安全的保障及人民群众"舌尖上的安全"。

三、增加农民收入，保障农产品质量安全

提升农业生产力水平，确保农业生产发展；保障农产品质量安全，维护人民生命健康，是农产品质量安全政策的两大目标。此外，增加农民收入也是农产品质量安全政策的重要目标。2004年中央一号文件中提出，按照"高产、优质、高效、生态、安全"这十个字的要求，走精细化、集约化、产业化的道路。这正是传统农业向现代农业的转型探索，其目的是提高农业生产效益和增加农民收入，从而保障农产品的质量安全。2015年中央一号文件特别强调，做强农业，必须实现农业发展方式的转变，以增加农民收入，提高农民生活水平，促进农产品质量安全，推动农业农村经济社会健康发展。2016年中央一号文件要求，以农业发展方式的转变为切入点，其目的仍然是要实现农业发展稳定性的提高和农民收入的增加。从以上中共中央发布的系列"一号文件"所规定的内容可知，我国农产品质量安全政策有一个重要目标，即增加农民收入。

第二节　农产品质量安全政策手段

农产品安全生产直接关系人类的健康和安全，是农产品质量安全的前提和保障。在农业生产中，农药、兽药、化肥、饲料等农业化学投入品的使用是保证农业丰收和农产品优质的重要手段。但是，片面地追求产量，不科学地使用农药等农业化学投入品会严重污染食物，在威胁人类健康的同时还会造成严重的环境污染。因此，农产品安全生产不但要保障农产品的安全，还离不开对农业投入品的监督和管理。

一、农产品安全生产的内涵

《辞海》中将"安全生产"解释为："为预防生产过程中发生人身、设备事故，形成良好劳动环境和工作秩序而采取的一系列措施和活动。"概括地说，安全生产是指采取一系列措施，使生产过程在符合规定的物质条件和工作秩序下进行，有效消除或控制危险、有害因素，避免人身伤亡和财产损失等生产事故发生，从而保障人员安全与健康、设备和设施免受损坏、环境免遭破坏，使生产经营活动得以顺利进行的一种状态。安全生产是安全与生产的统一，其宗旨是以安全促进生产，生产必须安全。

农业领域的安全生产就是农产品安全生产。农产品安全生产是指在农产品生产过程中，生产者采取符合法律法规要求和国家或相关行业标准的农事操作，以保证农产品质量的安全、生产者的安全和生产环境的安全。

要确保农产品质量安全，就要遵循"从农田到餐桌"的全程质量控制理念，在农产品生产的产前、产中和产后各个阶段，针对影响和制约农产品质量安全的关键环节和因素，采取物理、化学和生物等技术措施和管理手段，对农产品生产、贮运、加工、包装等全部活动和过程中危及农产品质量安全的关键点进行有效控制。

二、农业投入品管理

农产品生产过程中使用或添加的物质，即是农业投入品。农业投入品直接关系到农产品的产量，直接影响到农产品的质量。对农产品质量安全影响较大的投入品主要是农药、兽药、肥料、饲料和饲料添加剂。为保障农产品质量安全，应按照《农药管理条例》《兽药管理条例》《肥料管理条例》《饲料和饲料添加剂管理条例》等法律法规的规定，对农药、兽药、肥料，以及饲料和饲料添加剂的生产、经营、使用加强监督管理。

（一）农药管理

1. 农药登记管理

《农药登记管理办法》第十一条规定："申请人提供的相关数据或者资料，应当能够满足风险评估的需要，产品与已登记产品在安全性、有效性等方面相当或者具有明显优势。对申请登记产品进行审查，需要参考已登记产品风险评估结果时，遵循最大风险原则。"第十五条规定："申请人应当提交产品化学、毒理学、药效、残留、环境影响等试验报告，风险评估报告，标签或者说明书样张，产品安全数据单，相关文献资料、申请表、申请人资质证明、资料真实性声明等申请资料。农药登记申请资料应当真实、规范、完整、有效，具体要求由农业部另行制定。"

2. 农药使用管理

《农药管理条例实施办法》第二十六条规定："各级农业技术推广部门应当指导农民按照《农药安全使用规定》和《农药合理使用准则》等有关规定使用农药，防止农药中毒和药害事故发生。"第二十八条规定："农药使用者应当确认农药标签清晰，农药登记证号或者农药临时登记证号、农药生产许可证号或者生产批准文件号齐全后，方可使用农药。农药使用者应当严格按照产品标签规定的剂量、防治对象、使用方法、施药适期、注意事项施用农药，不得随意改变。"

《农药管理条例》第三十条规定："县级以上人民政府农业主管部门应当加强农药使用指导、服务工作，建立健全农药安全、合理使用制度，并按照预防为主、综合防治的要求，组织推广农药科学使用技术，规范农药使用行为。林业、粮食、卫生等部门应当加强对林业、储粮、卫生用农药安全、合理使用的技术指导，环境保护主管部门应当加强对农药使用过程中环境保护和污染防治的技术指导。"第三十四条规定："农药使用者应当严格按照农药的标签标注的使用范围、使用方法和剂量、使用技术要求和注意事项使用农药,不得扩大使用范围、加大用药剂量或者改变使用方法。农药使用者不得使用禁用的农药。标签标注安全间隔期的农药,在农产品收获前应当按照安全间隔期的要求停止使用。剧毒、高毒农药不得用于防治卫生害虫,不得用于蔬菜、瓜果、茶叶、菌类、中草药材的生产,不得用于水生植物的病虫害防治。"

3. 农药监督管理

《农药管理条例实施办法》第三十二条规定:"农业行政主管部门有权按照规定对辖区内的农药生产、经营和使用单位的农药进行定期和不定期监督、检查,必要时按照规定抽取样品和索取有关资料,有关单位和个人不得拒绝和隐瞒。农药执法人员对农药生产、经营单位提供的保密技术资料,应当承担保密责任。"第三十三条规定:"对假农药、劣质农药需进行销毁处理的,必须严格遵守环境保护法律、法规的有关规定,按照农药废弃物的安全处理规程进行,防止污染环境;对有使用价值的,应当经省级以上农业行政主管部门所属的农药检定机构检验,必要时要经过田间试验,制订使用方法和用量。"

4. 农药包装废弃物管理

《农药包装废弃物回收处理管理办法》已于2020年7月31日经农业农村部第11次常务会议审议通过,并经生态环境部同意予以公布,自2020年10月1日起施行。

为了防治农药包装废弃物污染,保护生态环境,应当做好农药包装废弃物的管理工作。

(1)加强组织领导。加强农药包装废弃物的回收处置是改善农村人居环境、保障农业生态环境安全和农产品质量安全的现实需要,更是实现农业农村绿色发展、推动乡村振兴战略实施的重要内容。

(2)提高责任意识。严禁将农药包装物和废弃物随意丢弃,市、镇街区等有关机构要担负起监管职责。相关的农业农村部门要采取有效形式,对辖区内田间地头、坑内坑边、河道河边及道路两旁等区域进行全面清查,查找随意丢弃的农药包装物和废弃物,明确其回收与处置责任人,督促其履行回收与处置责任。

(3)宣传引导。农业农村、生态环境部门等要充分利用新闻媒介,加强农药包装废弃物回收处置工作宣传,让农药生产企业、农药经营者充分认识自身在农药包装废弃物回收方面应负的法律责任,尽快建立回收制度。让使用者充分认识乱扔农药包装物对环境和人身安全的危害,积极回收农药包装物。

(4)强化整治。各镇街区要充分利用农闲时间组织镇村干部、群众开展集中清理整治行动,并发动各镇街区、社区、行政村环卫保洁队伍、护林员、团员志愿者、网格员等人员积极参与,组成清理队伍,对所辖区域内废弃农药包装物进行清理处置。同时,按照属地管理的原则,切实发挥各级河长作用,确保江河湖泊流域周边农药包装废弃物得到彻底清理,随意丢弃现象得到有效监管和遏制。

(5)开展农药经营和使用环节专项执法检查。农业执法机构要开展专项执法检查,重点检查农药定点经营专柜销售、实名购买及农药废弃物回收处置等行为,同时检查农药经营店采购农药查验和采购、销售台账制度落实情况。

(6)构建长效工作机制。市(县)政府每年要投入资金对各镇街区农药包装废弃物回收处理给予奖励,各镇街区要加大人力、财力、技术投入力度,每年投入用于农药废弃物回收的资金不低于 2 万元,做到有专项资金、有专门人员、有专业队伍;各镇街区要因地制宜探索新的回收处置路径,建立"统一回收、集中运输、全程无害化处理"的回收处置新模式。

(二) 兽药管理

1. 兽药生产管理

按照《兽药管理条例》的规定,我国实行兽药生产许可证管理制度。从事兽药生产的企业,应当符合国家兽药行业发展规划和产业政策,并具备以下条件:①有与所生产的兽药相适应的兽医学、药学或者相关专业的技术人员;②有与所生产的兽药相适应的厂房、设施;③有与所生产的兽药相适应的兽药质量管理和质量检测的机构、人员、仪器设备;④有符合安全、卫生要求的生产环境;⑤具备兽药生产质量管理规范规定的其他生产条件。

兽药生产企业应当按照国务院兽医行政管理部门制定的兽药生产质量管理规范组织生产。生产兽药所需的原料、辅料,应当符合国家标准或者所生产的兽药的质量要求。直接接触兽药的包装材料和容器应当符合药用要求。

2. 兽药经营管理

经营兽药的企业,应当具备下列条件:①与所经营的兽药相适应的兽药技术人员;②与所经营的兽药相适应的营业场所、设备、仓库设施;③与所经营的兽药相适应的质量管理机构或者人员;④兽药经营质量管理规范规定的其他经营条件。

兽药经营企业,应当遵守国务院兽医行政管理部门制定的兽药经营质量管理规范,应当向购买者说明兽药的功能主治、用法、用量和注意事项。销售兽用处方药的,应当遵守兽用处方药管理办法。

3. 兽药使用管理

兽药使用单位应当遵守国务院兽医行政管理部门制定的兽药安全使用规定,并建立用药记录;有休药期规定的兽药用于食用动物时,饲养者应当向购买者或者屠宰者提供准确、真实的用药记录;购买者或者屠宰者应当确保动物及其产品在用药期、休药期内不被用于食品消费。

4. 兽药监督管理

兽药监管部门应按照《兽药管理条例》相关规定,切实履行监管职能,县级以上人民政府兽医行政管理部门行使兽药监督管理权。

兽药检验工作由国务院兽医行政管理部门和省、自治区、直辖市人民政府兽医行政管理部门设立的兽药检验机构承担。国务院兽药行政管理部门可以根据需要认定其他检验机构承担兽药检验工作。

兽药应当符合兽药国家标准。国家兽药典委员会拟定的、国务院兽医行政管理部门发布的《中华人民共和国兽药典》和国务院兽医行政管理部门发布的其他兽药质量标准为兽药国家标准。

禁止将兽用原料药拆零销售或者销售给兽药生产企业以外的单位和个人。禁止未经兽药开具处方销售、购买、使用国务院兽医行政管理部门规定实行处方药管理的兽药。

(三) 肥料管理

1. 肥料登记管理

按照《肥料登记管理办法》的相关规定,国家实行肥料产品登记制度,在中华人民共和国境内生产、经营使用和宣传肥料产品应当遵守《肥料登记管理办法》。

农业农村部负责全国肥料登记和监督管理工作,省、自治区、直辖市人民政府农业行政主管部门协助农业农村部做好本行政区域内的肥料登记工作,县级以上地方人民政府农业行政主管部门负责本行政区域内的肥料监督管理工作。

2. 肥料生产管理

肥料生产应当符合国家产业政策,并具备下列条件:①有与其生产的肥料产品相适应的技术人员、厂房、设备、工艺及仓储设施;②有与其生产相适应的产品质量检验场所、检验设备和检验人员;③有符合国家劳动安全、卫生标准的设施和条件;④有产品质量标准和产品质量保证体系;⑤有符合国家环境保护要求的污染防治设施和措施,并且污染物排放不超过国家和地方规定的排放标准。

3. 肥料销售管理

肥料销售者应当对所销售肥料产品质量负责。购进肥料,应当执行进货验收制度,验明肥料登记证、产品标签、质量检验合格证明、产品使用说明和其他资料,并建立肥料销售档案。肥料销售档案应记录包括购入和销售的肥料产品、数量、生产企业、价格、批号、生产日期、购买者等情况,肥料销售档案应当在肥料销售后保存两年。

4. 肥料监督管理

县级以上人民政府农业行政主管部门应当配备一定数量的肥料执法人员,肥料执法人员应具有相应的专业学历并从事肥料工作三年以上,经培训考核合格,取得执法证,持证上岗。

省级以上人民政府农业行政主管部门认定符合肥料检验条件的检验机构承担肥料检验工作。

禁止生产、使用可能对农业生产和农产品质量安全造成危害的肥料,具体产品目录由国家农业行政主管部门公布。禁止伪造、假冒、转让肥料登记证或登记号,禁止伪造、假冒、转让肥料登记证或登记号,禁止生产、销售、使用无登记证的肥料产品,禁止生产、销售、使用假劣肥料。

(四) 饲料和饲料添加剂管理

1. 饲料和饲料添加剂生产管理

设立饲料、饲料添加剂生产企业,应当符合饲料工业发展规划和产业政策,并具备下列条件:①有与生产饲料、饲料添加剂相适应的厂房、设备和仓储设施;②有与生产饲料、饲料添加剂相适应的专职技术人员;③有必要的产品质量检验机构、人员、设施和质量管理制度;④有符合国家规定的安全、卫生要求的生产环境;⑤有符合国家环境保护要求的污染防治措施；⑥具备国家农业行政主管部门制定的饲料、饲料添加剂质量安全管理规范规定的其他条件。

出厂销售的饲料、饲料添加剂应当包装，包装应当符合国家有关安全、卫生的规定。饲料、饲料添加剂的包装上应当附具标签。标签应当以中文或者适用符号标明产品名称、原料组成、产品成分分析保证值、储存条件、使用说明、注意事项、生产日期、保质期、生产企业名称以及地址、产品质量标准等。

2. 饲料和饲料添加剂经营管理

饲料、饲料添加剂经营者应当符合下列条件：①有与经营饲料、饲料添加剂相适应的经营场所和仓储设施；②有具备饲料、饲料添加剂使用、储存等知识的技术人员；③有必要的产品质量管理和安全管理制度。

饲料、饲料添加剂经营者应当建立产品购销台账，如实记录购销产品的名称、许可证明文件编号、规格、数量、保质期、生产企业名称或者供货者名称及其联系方式、购销时间等。

3. 饲料和饲料添加剂监督管理

国家农业行政主管部门和县级以上地方人民政府饲料管理部门应当加强饲料、饲料添加剂质量安全知识的宣传，增强养殖者的质量安全意识，指导养殖者安全、合理使用饲料、饲料添加剂。

饲料、饲料添加剂在使用过程中被证实对养殖动物、人体健康或者环境有害的，由国家农业行政主管部门决定禁用并予以公布。

禁止生产、经营、使用未取得新饲料、新饲料添加剂证书的新饲料、新饲料添加剂以及禁用的饲料、饲料添加剂。

第三节　农业标准化生产管理政策手段

农业标准化是现代农业的"标尺"，推行农业标准化，对农产品实行"从农田到餐桌"的全程操纵，构建"生产有标准、产品有标志、质地有检测、认证有程序、市场有监管"的标准化格局具有重要意义，同时也是农业发展的必由之路。保障农产品质量安全，不但要保证农产品安全生产，还要制定并实施相关标准政策，建立健全规范化的工艺流程和衡量标准，推动和促进现代农业建设的步伐。

一、"三品一标"

相对于过去的"三品一标"无公害农产品、绿色食品、有机食品、农产品地理标志，现在的"三品一标"——品种培优、品质提升、品牌打造和标准化生产是过去的提升版。所谓提升，即已不是过去单纯意义上的"三品一标"，而是在更广泛和更高意义上的"三品一标"，其目标和诉求是推动新时期我国农业生产新发展格局的形成。

在"三品一标"行动方案中，品种培优居于首位，体现了良种对于现代农业高质量发展的重要性。品种培优的重点是"四个一批"，即发掘一批优异种质资源、提纯复壮一批地方特色品种、选育一批高产优质突破性品种、建设一批良种繁育基地。

从优质良种、高新技术、产地环境、投入品、品质指标体系等方面着手，加快推进农产品品质提升，具体包括推广优良品种、集成推广技术模式、净化农业产地环境、推广绿色投入品、构建农产品品质等核心指标体系。

品牌打造的提出源于"乡村振兴靠产业，产业振兴靠品牌"这一理念。中央高度重视农业品牌建设，乡村振兴战略和近几年中央一号文件都对推进农业品牌化提出了明确要求，品牌强农战略由此而兴。要坚持以品牌建设为引领，将其贯穿农业供给侧结构性改革全过程、各环节，打通农业生产加工、流通、销售全产业链，向品牌要市场、要质量、要效益。

推进标准化生产是发展现代农业的必然选择，是促进农业科技成果转化为现实生产力的有效手段。农业标准化是一项系统工程，通过建立健全标准体系，使农业经营有章可循、有标可依，进而实现高产、优质、高效的目的。

第一，标准化生产是促进农业科技进步的根本保障。农业标准化既源于农业科技创新，又是农业科技创新转化为现实生产力的载体。将科技成果转化为标准，可以成倍地提高推广应用的覆盖面。同时，标准的提高又会推动科技创新，加速农业科技的进步步伐。第二，标准化生产是利用现代工业成果装备农业的基本前提。只有强力推行农业标准化，才能保证以优质的现代工业成果装备农业，加速农业现代化发展。第三，标准化生产是保障农产品质量安全的重要手段。事实上，标准与质量是密不可分的，农业标准是衡量农产品质量的依据。没有标准就没有质量，没有高标准就没有高质量，抓质量应首先抓标准。农产品质量标准既能够客观地反映市场，又能在市场需求的推动下不断改进和提高，最终回到生产环节，对生产过程及其标准也提出更高的要求。因此，农产品质量标准是农业标准体系的核心，是保障农业现代化健康发展的基础。

二、农业标准化

农业标准化是促进农业结构调整和产业化发展的重要技术基础，是规范农业生产、保障消费安全、促进农业经济发展的有效措施，是促进科技成果转化的桥梁和纽带，是提高经济、社会和生态效益的重要保障，是现代化农业的重要标志。

1990年4月6日，国务院发布施行《中华人民共和国标准化法实施条例》，其中第二条规定，"对农业（含林业、牧业、渔业）产品（含种子、种苗、种畜、种禽）的品种、规格、质量、等级、检验、包装、储存、运输以及生产技术、管理技术的要求，应当制定标准。"

1991年2月26日，国家技术监督局发布的《农业标准化管理办法》指出：农业标准化是指农业、林业、牧业、渔业的标准化。它的主要任务是：贯彻国家有关方针、政策，组织制定和实施农业标准化规划、计划，制定（包括修订）和组织实施农业标准，对农业标准的实施进行监督。农业标准化是实现农业现代化的一项综合性技术基础工作，农业标准化计划应纳入国民经济和科技发展计划。

2003年，国务院办公厅下发了《关于进一步加强农业标准化工作的意见》指出：以邓小平理论和"三个代表"重要思想为指导，深入贯彻党的十六大精神，以市场为导向，围绕农业结构战略性调整和产业化发展，以提高我国农产品质量和市场竞争力为重点，建立健全统一权威的农业标准体系，加强农业标准化工作，促进农业增效、农民增收和农村经济全面发展。同时指出，农业标准化的工作方针是政府大力推动、市场正确引导、龙头企业带动、农民积极实施。

2010年，《国家标准化管理委员会关于进一步加强农业标准化工作的意见》指出：我国农业标准化工作的主要任务是完善农业标准体系，加大标准实施与创新力度，大力开展"菜篮子"产品标准化生产示范工作，健全专业标准化队伍，加强农业标准化研究以及积极参与国际标准化工作。

2021年，国家标准管理委员会发布的《2021年全国标准化工作要点》指出：要实施乡村振兴标准化建设行动，制定《贯彻实施〈关于加强农业农村标准化工作的指导意见〉行动计划》，开展《农业标准化管理办法》修订，持续推进现代农业全产业链标准体系建设。

（一）农产品质量认证标准

《农产品质量安全法》规定："国家建立健全农产品质量安全标准体系。农产品质量安全标准是强制性的技术规范。农产品质量安全标准的制定和发布，依照有关法律、行政法规的规定执行，制定农产品质量安全标准应当充分考虑农产品质量安全风险评估结果，并听取农产品生产者、销售者和消费者的意见，保障消费安全。"

《农业法》第二十三条规定："国家支持依法建立健全优质农产品认证和标志制度。国家鼓励和扶持发展优质农产品生产。县级以上地方人民政府应当结合本地情况，按照国家有关规定采取措施，发展优质农产品生产。符合国家规定标准的优质农产品可以依照法律或者行政法规的规定申请使用有关的标志。符合规定产地及生产规范要求的农产品可以依照有关法律或者行政法规的规定申请使用农产品地理标志。"

（二）高标准农田建设标准

2014年6月25日起正式实施的《高标准农田建设通则》，主要包括高标准农田建设基本原则、建设区域、建设内容与技术要求、管理要求、监测与评价、建后管护与利用6个方面的核心内容，明确高标准农田建设应遵循规划引导、因地制宜、数量质量生态并重、维护权益和可持续利用这五项原则。

《高标准农田建设通则》还强调，应充分尊重农民意愿，维护土地权利人的合法权益，注重高标准农田建设与管护利用并重，确保长久发挥效益。同时要求采用信息化手段，实现高标准农田建设信息的上图入库。采用信息化手段对高标准农田建设进行管理，依托国土资源综合信息监管平台，实现建成的高标准农田及时上图入库和部门共享，做到高标准农田建设底数清、情况明、数据准，全面动态掌握高标准农田建设、资金投入、建后管护及耕地质量等级变化等情况，为考核评价提供依据。

第十章 农业资源和环境保护政策

第一节 农业可持续发展背景与目标

一、农业可持续发展思想的背景

人口、资源、环境问题以及经济社会发展问题是当今世界人们日益关注的四大问题。可持续发展作为谋求解决人口、资源、环境与经济的持续协调发展问题的唯一途径,已经成为世界各国的共识。

(一)可持续发展的内涵

第二次世界大战以来,人们在经济增长、城市化、人口、资源等所形成的环境压力下,重新审视"增长—发展"的模式。1962年,美国生物学家莱切尔·卡逊发表了环境科普著作《寂静的春天》,描绘了一幅由于农药污染所造成的可怕景象,惊呼人们将会失去"春光明媚的春天",在世界范围内引发了人类关于发展观念上的争论。10年后,罗马俱乐部发表了有名的研究报告《增长的极限》,系统论述了科学技术、生产技术、自然资源、生态环境之间的相互关系及对人类发展的影响,提出了增长是有限的论点。1987年,以布伦特兰夫人为主席的联合国世界与环境发展委员会发表了一份报告《我们共同的未来》,正式提出了可持续发展概念,把可持续发展定义为"既满足当代人的需要,又不对后代人满足其需要的能力构成危害的发展",受到世界各国政府组织和舆论的极大重视,并在1992年联合国环境与发展大会上得到与会者的重视与承认。根据这一定义,可持续发展的内涵包括以下3个方面内容。

第一,可持续发展不仅重视增长数量,更追求改善质量、提高效益、节约能源、减少废物,改变传统的生产和消费模式,实施清洁生产和文明消费。

第二,可持续发展要以保护自然为基础,与资源和环境的承载能力相协调。发展的同时必须保护环境,包括控制环境污染,改善环境质量,保护生命支持系统,保护生物多样性,保持地球生态的完整性,保证以持续的方式使用可再生资源,使人类的发展保持在地球承载能力之内。

第三,可持续发展要以改善和提高生活质量为目的,与社会进步相适应。可持续发展的内涵均应包括改善人类生活质量,提高人类健康水平,并创造一个保障人们享有平等、自由、教育、人权和免受暴力的社会环境。

可持续发展观包括3个要素,即生态、经济与社会,生态持续是基础,经济持续是条件,社会持续是目的。人类共同追求的应该是自然、生态与社会复合系统的持续、稳定、健康发展。

（二）农业可持续发展战略的提出

农业可持续发展是可持续发展思想在农业与农村发展领域的具体体现。1980年，世界自然与自然资源保护联盟首次提出"持续农业"的观点。持续农业（因与农村密切相关，也称农业与农村可持续发展）是在继承传统农业遗产和发扬现代农业优点的基础上，以持续发展的观点来解决生存与发展所面临的资源与环境问题，协调人口、生产与资源、环境之间的关系。1987年美国农业部可持续农业研究与教育计划正式提出了农业可持续发展的模式。1991年4月由联合国粮农组织与荷兰政府于荷兰联合召开的"农业与环境"国际会议，提出了可持续农业和乡村发展的丹波宣言，呼吁"必须密切关注环境问题，必须重新研究农业与环境的关系"。随后，1992年6月在巴西召开的联合国"环境与发展"的会议上，这一概念被与会的100多个国家的元首或政府首脑所接受。

根据《丹波宣言》，农业可持续发展是采用不会耗尽资源或危害环境的生产方式、技术变革和机制性改革，减少农业生产对环境的破坏，维护土地、水、生物、环境不退化，技术运用得当，经济上可行以及社会可接受的农业发展战略。"不造成环境退化"，是指希望人类与自然之间、社会与自然环境之间达到和谐相处，建立一种非对抗性、非破坏性关系；"技术上运用适当"，是指生态经济系统的合理化并不主要依靠高新技术，而以最为适用、合理的技术为导向；"经济上可行"，是指要控制投入成本，提高经济效益，避免出现国家财政难以维持和农民难以承受的局面；"能够被社会接受"，是指生态环境变化、技术革新所引起的社会震荡，应当控制在可以接受的范围内。

在吸收了国际农业与农村发展的经验教训基础上，为解决农业进一步发展面临的系列困难，中国政府结合本国国情提出了农业可持续发展战略。1992年国家计划委员会等部门联合参与编制《中国21世纪人口环境与发展》白皮书。出于对世界未来发展方向的充分把握和对中国国情的深刻分析，在国内国际总体发展趋势的大背景下提出了农业可持续发展战略。1992年6月中国政府在巴西里约热内卢世界首脑会议上庄严签署了环境与发展宣言，并在1994年3月通过了《中国21世纪议程》，从我国具体国情和人口、环境与发展总体联系出发，提出了人口、经济、社会、资源和环境相互协调，农业可持续发展的总体战略、对策和行动方案，并在"九五"计划和2010年发展纲要中作了具体的部署，表明我国发展战略思想的转变，这标志着中国农业可持续发展的研究和实践进入新的阶段。1996年第八届全国人民代表大会第四次会议批准的《中华人民共和国国民经济和社会发展第九个五年计划和2010年远景目标纲要》明确提出，要实施科教兴国和可持续发展战略。2015年我国通过了《全国农业可持续发展规划（2015—2030年）》从此，农业可持续发展战略成为中国农业和农村经济发展的根本出发点之一。

2017年，党的十九大报告中多次提及可持续发展，明确指出坚定实施可持续发展战略，坚持人与自然和谐共生，必须树立和践行"绿水青山就是金山银山"的理念，坚持节约资源和保护环境的基本国策；同年，《国家农业可持续发展试验示范区建设方案》《关于创新体制机制推进农业绿色发展的意见》的发布，进一步推进了我国农业可持续发展工作。2018年，农业农村部颁发《关于大力实施乡村振兴战略加快推进农业转型升级的意见》文件，着重提出要加快农业现代化产业体系构建、推进农业质量发展、加快农业可持续发展的重要内容，为促进农业健康有序发展提供了政策支撑。

近几年中央一号文件也多次提到农业可持续发展，2016年中央一号文件明确指出推动农业可持续发展，必须确立发展绿色农业就是保护生态的观念，加快形成资源利用高效、生态系统稳定、产地环境良好、产品质量安全的农业发展新格局，并提出建设农业可持续发展试验示范区的要求；2017年中央一号文件明确指出推行绿色生产方式，增强农业可持续发展能力；2018年中央一号文件提出实施乡村振兴战略，推进乡村绿色发展；2019年中央一号文件强调要优化农业产业结构，加快农业绿色发展等。一系列法律法规和中央一号文件的发布，进一步明确了实现农业的可持续发展，始终是我国农业发展的主要方向。

可持续发展不仅是农业自身发展的主要方向，也可以通过农业的可持续发展为人类未来生存环境的优化奠定基础。我国坚持农业可持续发展道路的目的是在农业上形成资源节约、环境友好、产业高效、农民增收的农业发展新格局，使农业生产本身成为自然资源可持续利用的一种方式，既能够满足国家人民的生活需要、促进经济增长，又能够对生态环境的恢复和农业科技的发展起到推动作用，这样的农业生产方式，是值得我们进行不断的研究和探索的。

二、我国农业可持续发展的目标

（一）农业可持续发展的政策目标

《全国农业可持续发展规划（2015—2030年）》指出了我国未来15年内农业可持续发展的目标分2个阶段进行。到2020年，农业可持续发展取得初步成效，经济、社会、生态效益明显；农业发展方式转变取得积极进展，农业综合生产能力稳步提升，农业结构更加优化；农产品质量安全水平不断提高，农业资源保护水平和资源利用效率显著提高；农业环境突出问题治理取得阶段性成效，森林、草原、湖泊、湿地等生态系统功能能得到有效恢复和增强，生物多样性衰减速度逐步减缓。到2030年，农业可持续发展取得显著成效；供给保障有力、资源利用高效、产地环境良好、生态系统稳定、农民生活富裕、田园风光优美的农业可持续发展新格局基本确立。

实现农业的可持续发展，应达到以下3个方面的要求。

（1）经济的可持续性。经济的可持续性即可持续农业必须能在较长时间维持一个较高的产出水平。已经高产的，需要维持已有的水平；产出水平高的，需要保持持续增长的速度，这对发展中国家具有特别重要的意义。同时，可持续农业必须在经济上能获得盈利，可以自我维持、自我发展，保持持久的经济活力，缺乏经济可持续性的农业不是可持续的农业。

（2）社会的可持续性。社会可持续性指维持农业生产、经济、生态可持续发展所需要的农村社会环境的良性发展，主要包括人口数量控制在一定水平、人口素质的不断提高、农村社会财富的公平分配、农村劳动力以适当速度不断从农业领域转移出去。

（3）生态的可持续性。生态的可持续性即指农业所依赖的自然资源的可持续利用和农业所影响的生态环境的良好维持。在资源方面，包括土壤肥力的稳定或提高，耕地总量的稳定或动态平衡,水资源的可持续利用以及生物资源的保护和生物多样化的保护。在环境方面,是指保持良好的农业场内与外的土壤、大气、地表水和地下水环境,农民工作环境的健康卫生以及农产品的安全无毒。

(二) 农业可持续发展的特定目标

从环境保护和资源有效合理利用方面考虑,农业可持续发展应是在不断满足当代人在各个时期各种不同的要求,保证农业不断发展,同时又不妨碍将来发展的情况下,着重解决农用土地资源数量的相对稳定及土地产出率的提高、农业生产方式和经营机制的改革、农业生产环境的改善等基本方面以及相关因素的配套协调,从而建立起农业可持续发展的良性循环的复合自然经济。

从推动农村经济发展的总体发展战略方面考虑,农业可持续发展政策目标应是围绕保障供给、富裕农民、环境改善的三大目标。一是主要农产品持续增长,达到保障供给,满足全国实现小康生活水平的需要;二是农村经济的持续增长,农民收入大幅度提高,消灭贫困;三是建立起农村经济系统有效运转、良性发展的生产经营机制;四是资源得到保护、永续利用,生态环境良好,实现生产、经济、社会和生态环境的协调发展。

我国农业可持续发展的目标是以现代工业和科学技术为基础,利用我国传统农业的有效技术精华,实现持续增长的生产率、持续提高的土壤肥力、持续协调的农村生态环境、持续利用的农业自然资源,实现高产、优质、高效、低耗,逐步建立起一个采用现代工业装备、现代科学技术和现代经营管理方法的农业综合体系,具体内容包括以下五点要求。

(1) 积极增加粮食产量,确保粮食安全,消除饥荒。

(2) 促进农村综合发展,增加农民收入,消除贫困。

(3) 合理利用、保护和改善自然资源,创造良好环境,以利于子孙后代的生存发展。

(4) 发展多种经营方式、多种生产类型、多层次的农业经济结构和发展模式。

(5) 进一步依靠科技进步,将继承和发展我国传统农业技术的精华与吸收现代高科技相结合。

第二节 农业环境保护政策

一、农业环境概述

农业环境是指以农作物、畜禽和鱼类等农业生物为中心的周围事物的总和,包括大气、水体、土地、光、热以及农业生产者劳动和生活的场所(农区、林区、牧区等)。农业环境是自然环境的一个重要组成部分,既包括一部分原始的自然环境,又包括一部分经过改造的人工环境。农业环境由农业自然环境和农业社会环境组成,农业资源是构成农业环境的要素之一,农业资源和农业环境是有机联系的统一整体。

目前,我国农业环境问题十分严峻,许多地区的水、大气、土壤环境污染严重,农村环境质量出现下降,农业环境问题已成为制约农业和农村经济发展的重要因素,据统计,我国每年因农业环境污染造成农作物减产损失150亿元,农畜产品污染损失160亿元,每年不符合食品卫生标准的农畜产品总量达1 535万吨,这些经济损失主要是指直接经济损失,如果再考虑到间接经济损失,农业环境污染将会给我国农业生产带来巨大损失。

农业环境保护就是利用法律的、经济的、技术的各种手段,使农业环境质量和生态状况维持良好的状态,防止其遭受污染和生态破坏。农业环境是整体环境的重要组成部分,主要包括土地、森林、草原、水资源、空气等,具有广泛性、整体性、区域性的特点,是农业的基本物质条件。农业环境保护不仅对发展农业生产至关重要,而且在整个环境保护工作中也占有极为重要的地位。生态破坏和环境污染是当前中国农业环境的两个突出问题。农业资源衰退,自然灾害加剧,水土流失、沙漠化、土壤次生盐渍化等问题日益严重。农业环境遭到不同程度的破坏,已成为农业发展的制约因素。农田、牧场受工业"三废"污染严重。农药的不当使用,造成土壤、水体污染和农畜产品有害物质残留;过量和不合理的施用化肥会引起蔬菜、地下水硝酸盐积累,水体富营养化等现象变得普遍。农业环境恶化危及人体健康,危害农业生产,最终导致农业减产、绝产和农产品质量下降。农业环境破坏还会降低农业环境的生产力及抗御自然灾害的能力,而且会对气候产生不利的影响,导致旱涝灾害频繁发生,进而危害农业生产和人民生命财产安全,保护和改善农业环境的主要措施有:①强化农业环境管理,制定保护和改善农业环境、防止污染和生态破坏的法规,建立健全农业环境管理体制;②积极防治工矿企业(包括乡镇企业在内)的"三废"污染;③防治农药、化肥污染,积极推广综合防治病虫害技术,大力发展有机肥、复合肥,合理施用化肥,提高化肥的利用率;④制定有利于农业综合开发的技术经济政策;⑤加强农业环境监测网建设。

二、现阶段我国农业农村环境保护的政策措施

(一) 实施化肥、农药零增长行动

扩大测土配方施肥在设施农业及蔬菜、果树、茶叶等园艺作物上的应用,基本实现主要农作物测土配方施肥全覆盖;创新服务方式,推进农企对接,积极探索公益性服务与经营性服务相结合,政府购买服务的有效模式。推进新型肥料产品的研发与推广,集成推广种肥同播、化肥深施等高效施肥技术,不断提高肥料利用率,积极探索有机养分资源利用有效模式,鼓励开展秸秆还田、种植绿肥、增施有机肥,合理调整施肥结构,引导农民积极施用农家肥。结合高标准农田建设,大力开展耕地质量保护与提升行动,着力提升耕地内在质量。

建设自动化、智能化田间监测网点,构建病虫监测预警体系,加快绿色防控技术推广,因地制宜集成推广适合不同作物的技术模式;选择"三品一标"农产品生产基地,建设一批示范区,带动大面积推广应用绿色防控措施提升植保装备水平,发展一批反应迅速、服务高效的病虫害防治服务组织;大力推进专业化统防统治与绿色防控融合,有效提升病虫害防治组织化程度和科学化水平。扩大低毒生物农药补贴项目实

施范围,加速生物农药、高效低毒低残留农药推广应用,逐步淘汰高毒农药。

(二) 加快对农业环境突出问题的治理

基本形成改善农业环境的政策法规制度和技术路径,确保农业生态环境恶化趋势总体得到遏制,治理明显见到成效。实施并完善农业环境突出问题治理总体规划,加大农业面源污染防治力度。实施化肥农药零增长行动和种养业废弃物资源化利用、无害化处理区域示范工程,积极推广高效生态循环农业模式,探索实行耕地轮作休耕制度试点。通过轮作、休耕、退耕、替代种植等多种方式,对地下水漏斗区、重金属污染区、生态严重退化地区开展综合治理。实施全国水土保持规划,推进荒漠化、石漠化、水土流失综合治理。

各地要统筹考虑环境承载能力及畜禽养殖污染防治要求,按照农牧结合、种养平衡的原则,科学规划布局畜禽养殖。推行标准化规模养殖,配套建设粪便污水储存、处理、利用设施,改进设施养殖工艺,完善技术装备条件,鼓励和支持散养密集区实行畜禽粪污分户收集、集中处理。在种养密度较高的地区和新农村集中区因地制宜建设规模化沼气工程,同时支持多种模式发展规模化生物天然气工程。因地制宜推广畜禽粪污综合利用技术模式,规范和引导畜禽养殖场做好养殖废弃物资源化利用。加强水产健康养殖示范场建设,推广工厂化循环水养殖、池塘生态循环水养殖及大水面网箱养殖底排污等水产养殖技术。

加快对地膜标准的修订,严格规定地膜厚度和拉伸强度,严禁生产和使用厚度为 0.01mm 以下的地膜,从源头保证农田残膜可回收。加大旱作农业技术补助资金支持,对加厚地膜使用、回收加工利用给予补贴。开展农田残膜回收区域性示范,扶持地膜回收网点和废旧地膜加工能力建设,逐步健全回收加工网络,创新地膜回收与再利用机制,加快生态友好型可降解地膜及地膜残留捡拾与加工机械的研发,建立健全可降解地膜评估评价体系,在重点地区实施全区域地膜回收加工行动,率先实现东北黑土地大田生产地膜零增长。

(三) 加强对农业生态的保护

实施山水林川湖生态保护和修复工程,进行整体保护、系统修复、综合治理。扩大新一轮退耕还林还草规模,扩大退牧还草工程实施范围。实施新一轮中原生态保护补助奖励政策,适当提高补助奖励标准。实施湿地保护与恢复工程,开展退耕还湿。建立沙化土地封禁保护制度,加强对历史遗留工矿废弃地和自然灾害损毁土地的复垦利用,开展大规模国土绿化行动,增加森林面积和蓄积处。加强三北、长江、珠江、沿海防护林体系等林业重点工程建设,继续推进京津风沙源治理,完善天然林保护制度,全面停止天然林商业性采伐。完善海洋渔业资源总量管理制度,严格实行休渔禁渔制度,开展近海捕捞限额管理试点,按规划实行退养还滩,加快推进水生态修复工程建设。建立健全生态保护补偿机制,开展跨地区跨流域生态保护补偿试点,编制实施耕地、草原、河湖休养生息规划。

(四) 深入开展秸秆资源化利用

进一步加大示范和政策引导力度,大力开展秸秆还田和秸秆肥料化、饲料化、基料化、原料化和能源化利用。建立健全由政府推动、以秸秆利用企业和收储组织为轴心、经纪人参与、市场化运作的秸秆收储运输体系，降低收储运输成本，加快推进秸秆综合利用的规模化、产业化发展。完善激励政策，研究并出台秸秆初加工用电享受农用电价格、收储用地纳入农用地管理、扩大税收优惠范围、信贷扶持等政策措施。选择京津冀等大气污染重点区域，启动秸秆综合利用示范县建设，率先实现秸秆全量化利用，从根本上解决秸秆露天焚烧问题。

（五）实施耕地重金属污染治理

加快推进全国农产品产地土壤重金属污染普查，启动重点地区土壤重金属污染加密调查和农作物与土壤的协同监测，切实摸清农产品产地重金属污染底数，实施农产品产地分级管理、加强耕地重金属污染治理修复，在轻度污染区，通过灌溉水源净化、推广低镉积累品种、加强水肥管理、改变农艺措施等，实现水稻安全生产。在中度或重度污染区，开展农艺措施修复治理，同时通过品种替代、粮油作物调整和改种非食用经济作物等方式，因地制宜调整种植结构，少数污染特别严重区域，划定为禁止种植食用农产品区，实施好耕地重金属污染治理修复和种植结构调整的试点工作。

（六）大力培育新型治理主体

大力发展农机、植保、农技和农业信息化服务合作社、专业服务公司等服务性组织，构建公益性服务和经营性服务相结合、专项服务和综合服务相协调的新型农业社会化服务体系，采取财政扶持、税收优惠、信贷支持等措施，加快培育多种形式的农业面源污染防治经营性服务组织，鼓励新型治理主体发展畜禽养殖污染治理、地膜回收利用、农作物秸秆回收加工、沼渣沼液综合利用、有机肥生产等服务。探索开展政府向经营性服务组织购买服务机制和政府和社会资本合作（PPP）模式创新试点，支持具有资质的经营性服务组织从事农业面源污染防治。鼓励农业产业化龙头企业、规模化养殖场等采用绩效合同服务等方式引入第三方治理主体，共同实施农业面源污染防治工程整体式设计、模块化建设、一体化运营。

（七）开展农村人居环境整治行动和美丽宜居乡村建设

遵循乡村自身发展规律，体现农村特点，注重乡土味道，保留乡村风貌，努力建设农民幸福家园。科学编制县域乡村建设规划和村庄规划，提升民居设计水平，强化乡村建设规划许可管理。继续推进农村环境综合整治，完善"以奖促治"政策，扩大连片整治范围。实施农村生活垃圾治理五年专项行动，采取城镇管网延伸、集中处理和分散处理等多种方式，加快农村生活污水治理和改厕工作。全面启动村庄绿化工程，开展生态乡村建设，推广绿色建材，建设节能农房。开展农村宜居水环境建设，实施农村清洁河道行动，建设生态清洁型小流域。发挥好村级公益事业"一事一议"财政奖补资金作用，支持改善村内公共设施和人居环境，普遍建立村庄保洁制度。坚持城乡环境治理并重，逐步把农村环境整治支出纳入地方财政预算，中央财政给予差异化奖补，政策性金融机构提供长期低息贷款，探索政府购买服务、专业公司一体化建设运营机制。加大传统村落、民居和历史文化名村名镇保护力度，开展生态文明示范村镇建设，鼓励各地因地制宜探索各具特色的美丽宜居乡村建设模式。

第三节 农业自然资源保护政策

一、农业资源概述

农业自然资源是指人们从自然界直接获得的用以形成农业生产手段的物质要素，如土地、水、森林、草原、野生动植物等，它是农业发展的基础和农产品形成的源泉。

人类利用自然资源的过程中，可以同时保护和合理改造自然资源，使自然资源更有效地造福于人类。但是，人类往往也会自觉或不自觉地破坏自然资源，进而会受到自然界的惩罚，影响人类自身发展。因而，国家颁布和实施的《中华人民共和国自然资源法》对于指导人们科学利用资源，抑制不合理行为，起着十分重要的作用，它可以促进人和自然资源的良好关系和共同发展。

二、水资源保护政策

（一）加强农村饮用水水源保护

加快农村饮用水水源调查评估和保护区划定。县级及以上地方人民政府要结合当地实际情况，组织有关部门开展农村饮用水水源环境状况调查评估和保护区的划定，2020年底前完成供水人口在10 000人或日供水1 000吨以上的饮用水水源调查评估和保护区划定工作。农村饮用水水源保护区的边界要设立地理界标、警示标志或宣传牌，将饮用水水源保护要求和村民应承担的保护责任纳入村规民约。

（二）加强农村饮用水水质监测

县级及以上地方人民政府组织相关部门监测和评估本行政区域内饮用水水源、供水单位供水、用户水龙头出水的水质等饮用水安全状况——实施从源头到水龙头的全过程控制，落实水源保护、工程建设、水质监测检测"三同时"制度。供水人口在10 000人或日供水1吨以上的饮用水水源每季度监测1次。各地按照国家相关标准，结合本地水质本底状况确定监测项目并组织实施。县级及以上地方人民政府有关部门，应当向社会公开饮用水安全状况信息。

（三）开展农村饮用水水源环境风险排查整治

以供水人口在10 000人或日供水1 000吨以上的饮用水水源保护区为重点，对可能影响农村饮用水水源环境安全的化工、造纸、冶炼、制药等风险源和生活污水垃圾、畜禽养殖等风险源进行排查。对水质不达标的水源采取更换水源、集中供水、污染治理等措施，确保农村人畜的饮水安全。

（四）加快推进农村生活垃圾污水治理

加大农村生活垃圾治理力度。统筹考虑生活垃圾和农业废弃物利用、处理，建立健全符合农村实际、方式多样的生活垃圾收运处置体系。有条件的地区，开展农村生活垃圾分类减量化试点，推行垃圾就地分类和资源化利用。截至2020年，东部地区、中西部城市近郊区等有基础、有条件的地区，基本实现农村生活垃圾处置体系全覆盖；

中西部有较好基础、基本具备条件的地区,力争实现 90%左右的村庄生活垃圾得到治理。基本完成非正规垃圾堆放点排查整治,实施整治全流程监管,严厉查处在农村地区随意倾倒、堆放垃圾行为,2019 年年底,完成县级及以上集中式饮用水水源保护区及群众反映强烈的非正规垃圾堆放点整治。

梯次推进农村生活污水治理。各省(区、市)要区分排水方式、排放去向等,加快制修订农村生活污水处理排放标准,筛选农村生活污水治理实用技术和设施设备,采用适合本地区的污水治理技术和模式。以县级行政区域为单位,实行农村生活污水处理统一规划、统一建设、统一管理,优先整治南水北调东线中线水源地及其输水沿线、京津冀、长江经济带、环渤海区域及水质需改善的控制单元范围内的村庄。到 2020 年,确保新增完成 13 万个建制村的环境综合整治任务。开展协同治理,推动城镇污水处理设施和服务向农村延伸,加强改厕工作与农村生活污水治理的有效衔接,将农村水环境治理纳入河长制、湖长制管理。到 2020 年,东部地区、中西部城市近郊区的农村生活污水治理率明显提高;中西部有较好基础、基本具备条件的地区,生活污水乱排乱放得到管控。

保障农村污染治理设施长效运行。地方各级人民政府应结合本地实际,制定管理办法,明确设施管理主体,建立资金保障机制,加强管护队伍建设,建立监督管理机制,保障已建成的农村生活垃圾污水处理设施正常运行。开展经常性的排查,对设施不能正常运行的,提出限期整改要求,逾期未整改到位的,应通报批评或约谈相关负责人。对新建污染治理设施的建设及运行维护资金没有保障的,不得安排资金和项目。

三、草原生态补奖政策

为了保护草原生态环境,提高牧区农牧民收入水平,促进草原畜牧业转型升级,2010 年,国务院常务会议决定从 2011 年起在内蒙古、四川、云南、西藏、甘肃、青海、宁夏、新疆 8 省(区)及新疆生产建设兵团,实施草原生态保护补助奖励机制。2012 年,政策实施范围扩大到河北、山西、辽宁、吉林、黑龙江 5 个省(区)和黑龙江农垦总局的牧区半牧区县。2016 年,经国务院批准,"十三五"期间继续实施新一轮草原生态补奖政策。2018 年国家机构改革后,按照资金用途与职责分工相对应的原则,将主要用于对农牧民进行奖补的资金留在农业农村部,将主要用于草原生态修复治理的资金划转给林草局。据此,农业农村部继续承担 155.6 亿元的草原禁牧补助和草畜平衡奖励政策的落实,并将该项政策命名为"农牧民补助奖励政策"。

政策制定 10 余年来,为了保证其顺利实施,从中央到地方的各级人民政府部门均采取了一系列的措施,主要体现在以下 6 个方面。

1. 体制机制建设方面

为深入推进补奖政策有效落实,农财两部先后印发了《关于 2011 年草原生态保护补助奖励机制政策实施的指导意见》和《新一轮草原生态保护补助奖励政策实施指导意见(2016—2020 年)》。2011 年国务院印发了《关于促进牧区又快又好发展的若干意见》、2018 年国务院印发了《国家乡村振兴战略规划(2018—2022 年)》,再次明确建立草原生态保护补助奖励机制,坚持保护草原生态和促进牧民增收相结合,实施禁牧补助和草畜平衡奖励，保障牧民减畜不减收，充分调动牧民保护草原的积极性，明确要求健全生态保护补偿机制，落实草原生态保护补助奖励政策。补奖政策实行目标、任务、责任、资金"四到省"和任务落实、资金发放、建档立卡、服务指导、监督管理"五到户"的原则。13个省（区）按照客观实际，从健全组织机构、完善规章制度入手，落实目标责任、加强组织领导，确保政策有序推进。政策实施后，13个省（区）均成立了工作领导小组，制定了具体管理办法，将任务资金和责任要求逐级细化到乡镇、村组、草场和牧户。

2. 数字化信息化管理方面

信息化是提高政策管理效率的重要手段，政策实施后，全国畜牧总站研发了集牧户信息采集、补助奖励信息、地块上图信息、草畜平衡分析和政策效益评价5个功能模块于一体的"草原生态保护补助奖励政策管理信息系统"，并组织项目实施省区开展信息录入和数据管理工作，每年采集1 200多万户农牧户人、草、畜、资金等信息，实现政策实施的信息化精准管理。通过管理信息平台建设，在补奖政策实施期间，全面建立了享受政策的农牧民电子档案，为实时调度政策执行状况、加强政策动态管理和后续跟踪服务提供了技术支撑。

3. 政策监督与考核方面

补奖政策实施后，建立了稳定的督导检查机制。农业农村部每年组织领导和专家，成立督导组对政策资金发放使用，草原承包、禁牧休牧和草畜平衡制度落实，信息系统录入管理，绩效考核开展情况等进行督导调研。重点针对补奖政策落实进度慢、资金到户率低的地区，开展联合督导检查和督促落实。

为及时了解政策实施的效果，农业农村部每年委托科研院所和高校开展政策效益评估，分析补奖政策对牧民生产生活的影响，深入剖析落实禁牧休牧制度、采取舍饲圈养方式带来的养殖收益变化，进一步提出优化政策实施的具体建议。农业农村部每年会同有关部门开展草原补奖政策绩效考核评价，以绩效考核结果作为分配绩效考核奖励资金的重要依据，有效提高了补奖政策资金的使用效率。

4. 创新政策措施方面

13个省（区）积极创新工作方法，采取分区分类实行差异化的禁牧补助和草畜平衡奖励标准、政策封顶和保底相结合等措施，既避免了补贴过高"垒大户"，又防止了补贴太低而影响牧民生产生活。内蒙古按系数核算每个盟市草原"标准亩"面积，计发各盟市补奖资金，实现了区域间平衡，同时也为各盟市进一步分解资金提供了依据。

5. 推进草牧业转型升级方面

新一轮草原生态补奖政策实施以来，各地依托绩效奖励资金，积极引导和支持农牧民加快畜牧业的生产方式转变，促进牧区牧业发展，确保农牧民持续稳定增收。青海省充分利用绩效奖励资金、财政专项、地方债券及贴息贷款等，大力发展饲草产业，动员牧民打破单家独户的生产经营方式，以村为单位，组建生态畜牧业合作社，引导牧民将牛羊、草场向合作社整合，由合作社统一组织生产、统一采购生产资料、统一经营农畜产品，实现适度规模经营。同时，通过合作社的股份制改造，生态畜牧业发展从数量型向兼顾数量与质量型转变,从单一的养殖向种养一体化、三次产业融合发展。

6. 宣传和培训方面

为加深公众对补奖政策的了解,农业农村部在《农民日报》开辟"草原补奖促增收惠民生"专栏,对补奖政策进行集中宣传报道。各地充分利用报刊、电视、广播等传统媒体以及互联网、微信、微博等新媒体,全方位、多角度、立体式的宣传政策,为政策的实施营造了良好的舆论氛围。

四、渔业资源保护的政策制度

(一) 渔业许可制度

1979年开始实行的渔业许可制度,是国家渔业行政主管部门对渔业经营、生产实施计划和控制的管理制度之一。中国的渔业许可制度最早是由国务院1979年颁布的《水产资源繁殖保护条例》确定的,同年,国家水产总局颁布了《渔业许可证若干问题的所行规定》。1986年,《中华人民共和国渔业法》(简称《渔业法》)明确规定了捕捞许可制度。1989年中华人民共和国农业部根据《渔业法》及其实施细则的规定,制定并颁布了《捕捞许可证管理办法》,对在中国管辖水域内捕捞许可制度做了具体规定。2000年,修订后的《渔业法》加强了捕捞许可制度的有关规定,进一步建立了渔业养殖许可制度。一般来说,捕捞许可证的发放是以渔业资源的状况为先决条件的,根据渔业资源的生物量和可捕量确定捕捞许可证的发放数量。中国的捕捞许可制度在执行中往往不注重这一先决条件,因此捕捞许可制度在渔业资源养护方面起到的作用十分有限。

(二) 渔业资源增殖的保护费制度

20世纪80年代末开始,中国向渔民征收渔业资源增殖保护费。根据该制度,政府渔业行政主管部门应当对其管理的渔业水域统一规划,采取措施增殖渔业资源,并可以向受益的单位和个人征收渔业资源增殖保护费,专门用于增殖和保护渔业资源。渔业资源增殖保护费的使用范围是:购买增殖放流用的苗种和培育苗种所需的配套设施,修建近海和内陆水域人工鱼礁、鱼巢等增殖设施;为保护特定的渔业资源品种,借给渔民用于转业或者转产的生产周转金(不得作为生活补助和流动资金);为增殖渔业资源提供科学研究经费补助;为改善渔业资源增殖保护管理手段和监测渔业资源提供经费补助。该制度的实施为控制捕捞努力量起到了一定的作用,为中国渔业资源的增殖、保护以及渔业执法队伍的建设发挥了重要作用。

(三) 投入总量的控制制度

1987年开始,中国对海洋捕捞渔船的数量和功率实施总量控制制度,简称"双控"。国家制定海洋捕捞船网工具指标总量,下达给各省、自治区、直辖市,各省、自治区、直辖市渔业行政主管部门审批发放的海洋捕捞许可证不得超过国家下达的船网工具指标。2003年以来,中国不断加强"双控"管理,海洋捕捞渔船数量和主机功率均得到一定的控制,尤其是渔船数量。但是,这一制度的实施并未能够遏制捕捞努力量的增长势头,特别是渔船总功率的增长势头。中国海洋捕捞渔船"双控"制度并未完全达到渔业管理的预期效果。

(四) 休渔、禁渔制度

1995 开始,国家在东海、黄海实施海洋伏季休渔制度,除钓具外,所有海洋捕捞作业均在每年的夏季休渔 2.0~3.5 个月,不同的海域休渔时间不同。此外,沿海地方政府针对定置作业设置不少于 2 个月的休渔期。1998 年,中国开始对伏季休渔的作业时间和渔具类型进行调整。1999 年,国家将休渔范围扩大至南海,同时延长了黄海海域休渔时间并调整了福建省海域休渔时间。这是国家在实施规模最大、牵涉渔民最多、实施时间最长的渔业管理制度之一。伏季休渔在实施过程中,国家每年都从海域范围、作业类型、时间安排等方面不断进行调整与完善。沿海各级渔业行政主管部门确保伏季休渔管理工作到位,每年应休渔渔船的休渔率达到 95%以上。2017 年起,国家延长了伏季休渔的时间:定置网休渔从 2 个月延长到 3 个月;钓具外的所有作业类型从 2.0~3.5 个月统一延长到 4.5 个月。中国的伏季休渔制度在一定时间内给予产卵群体和幼鱼适当的保护,让渔业资源有生长发育的时机和空间,提高了当年的资源量和渔获物质量;减少了每年的海上作业时间,降低了总体捕捞努力量,减小了对渔业资源的总体压力。

(五) 捕捞限额制度

2000 年修改的《渔业法》规定中国实行捕捞限额制度:由于中国的渔业多属于多鱼种渔业且渔船数量庞大,执法管理措施难以匹配,配额分配对渔业经营体制的改变等方面困难,迫使中国政府对这一制度的实施采取审慎和积极探索的态度。2017 年,农业部启动了浙江省浙北渔场梭子蟹限额捕捞试点和山东省莱州湾海蜇限额捕捞试点工作。试点工作尝试了总可捕量的确定,捕捞配额的分配,建立了捕捞日志填报制度、渔获物定点交易制度、限额捕捞试点渔船检查流程、渔业观察员制度、海上监管制度、渔船奖惩制度和捕捞限额预警机制。按计划,到 2020 年,沿海各省应选择至少一个条件较为成熟的地区开展限额捕捞管理。这些试点工作是推进捕捞限额制度在中国实施的具体步骤,为在中国实施限额捕捞破解难题,为切实养护渔业资源寻找可行之路,为中国渔业资源的合理利用探索新的模式。

(六) 渔业生态环境的保护和修复

中国不断加强渔业生态环境保护和修复力度。人工鱼礁和海洋牧场建设得到加强,增殖放流效果显著。截至 2015 年,中国已建立了 492 个国家级水产种质资源保护区、23 个国家级水生生物自然保护区,对渔业资源的养护发挥着重要作用。

养殖证制度。对水产养殖业,中国采用养殖证制度,"单位和个人使用国家规划确定用于养殖业的全民所有的水域、滩涂的,使用者应当向县级以上地方人民政府渔业行政主管部门提出申请,由本级人民政府核发养殖证,许可其使用该水域、滩涂从事养殖生产"。水产养殖管理还涉及水产苗种安全管理,从新品种的推广、水产苗种的进出口、水产苗种的生产者方面作出了规定。在水产养殖质量安全管理方面,主要规定了养殖水体的水质标准、水处理设施的配置、水产养殖废水的排放、鱼药和鱼用饲料管理、养殖水产品药物残留的监控等。毋庸置疑，中国对水产养殖业的管理还需要大幅度提高。近年来，水产养殖业发展空间受到严重挤压，养殖渔民的合法权益得不到有效维护；水产品质量安全隐患仍然存在，市场监管难以到位。这些问题都需要进一步完善水产养殖方面的法律法规，全面推进水产养殖业执法与监管，保护水产养殖业的可持续健康发展。

（七）远洋渔业管理制度

远洋渔业指中华人民共和国公民、法人或其他组织到公海或他国管辖海域从事海洋捕捞以及与之配套的加工、补给和产品运输等渔业活动，但不包括到黄海、东海和南海从事渔业活动。对远洋渔业项目，中国实施远洋渔业项目申请和审批制度。欲从事远洋渔业活动的企业应该向省级主管部门提出申请，经农业农村部批准后才可以从事相关的远洋渔业活动。对于远洋渔业项目正常实施、没有违法违规事件的企业，农业农村部授予其远洋渔业企业资格。农业农村部对远洋渔业企业实施年度审查，通过渔船检验、船位监测、驻外使领馆核实等措施，对远洋渔业企业的项目实施审查，存在重大问题的予以处罚。对远洋渔船的监管，中国也采取了一系列措施。农业部从2007年开始逐步实施远洋渔船船位监测制度，远洋渔船必须安装船位监测设备，并纳入农业部远洋渔船船位监测系统；制定标准化捕捞日志，规定渔船必须准确填写并上交渔业主管部门；向大型公海作业渔船派驻国家观察员等。从事远洋渔业的渔船应当经渔业船舶检验部门检验合格，渔港监督部门依法登记，取得相关证书。远洋渔船船员应当经农业部审定合格的专业机构培训，经农业部授权的渔政渔港监督部门考试合格，取得相关证书，并具有1年以上海洋捕捞经历。另外，中国是7个区域渔业管理组织的成员国，积极参与这些区域渔业管理措施的谈判，而这7个区域渔业管理组织涵盖的区域，基本包含了中国远洋渔船所有作业区域。中国还与其他国家或地区签订了8个渔业协定或谅解备忘录，确定了中国渔船的入渔权和作业的条款条件。中国的远洋渔业已经基本建立了与国际渔业管理规则相适应的管理制度。当然，这些远洋渔业的管理制度应当进一步完善和具体化，以适应越来越严格的国际渔业管理制度。

第十一章 农业法律

第一节 中华人民共和国农业法

《中华人民共和国农业法》自1993年7月2日颁布至今,共进行了1次修订(2002年12月28)和2次修改(2009年8月27日和2012年12月28日)。现行的《农业法》于2013年1月1日正式实施生效。

《农业法》立法的目的:

第一,巩固和加强农业在国民经济中的基础地位。

第二,统筹考虑农业、农村和农民问题,深化农村改革,促进农业和农村经济的持续、稳定、健康发展。

第三,为实现全面建设小康社会的目标而奋斗。

《农业法》对农业生产经营体制进行了法律规定,确立了农民专业合作经济组织的法律地位,明确了农民专业合作经济组织的组织原则、农业产业化经营的模式和作用、农产品行业协会的法律地位和职责。

《农业法》明确规定了农业和农村经济结构调整的方向和重点:全面提高农产品质量,加快畜牧业发展,发展农产品加工,优化农业区域布局,调整农村劳动力就业结构等。调整的目标是,通过农业区域布局调整,优化资源配置,发挥各地的比较优势;通过农产品结构调整,全面提高农产品质量和安全水平,加快实现我国农产品的优质化和专用化;通过农村产业结构调整,加快发展农产品加工业,大幅度提高农产品的附加值;通过农村就业结构调整,加快转移农村劳动力,拓宽农民增收渠道。

《农业法》规定县级以上各级人民政府在农业经济结构调整中的职责:根据国民经济和社会发展的中长期规划、农业和农村经济发展的基本目标和农业资源区划,制定农业发展规划。制定政策,安排资金,引导和支持农业机构调整,协调发展种植业、林业、畜牧业和渔业,发展优质、高产、高效益的农业,提高农产品国际竞争力。采取措施,加强农业综合开发和农田水利、农业生态环境保护、乡村道路、农村能源和电网、农产品仓储和流通、动植物原种良种基地等农业和农村基础设施建设,改善农业生产条件,保护和提高农业综合生产能力。加强农田水利设施建设,建立健全农田水利设施的管理制度,发展节水型农业。大力支持为农业服务的气象事业的发展,提高对气象灾害的监测和预报水平。鼓励和扶持发展优质农产品生产。建立健全农业生产资料的安全使用制度,严格整治农资市场经营秩序。

《农业法》明确了农产品购销体制改革方向;明确了农产品市场体系的基本特征,规定建立统一、开放、竞争有序的农产品市场体系,规范市场流通秩序;疏通"绿色通道";扶持农民专业合作经济组织和乡镇企业从事农产品加工。

《农业法》明确规定了国家保障粮食安全的措施：确保生产足够数量的粮食；最大限度地稳定粮食供应；确保所有需要粮食的人都能获得粮食。国家保障粮食安全的具体措施：建立耕地保护制度；建立粮食主产区扶持制度；建立粮食保护价制度；建立粮食安全预警制度，采取措施保障粮食供给；建立粮食风险基金制度。

《农业法》明确了财政预算内投入农业资金的使用方向；鼓励农民和农业生产经营组织增加农业投入，鼓励社会资金投向农业，促进农业扩大利用外资；鼓励和支持开展多种形式的农业生产产前、产中、产后的社会化服务；健全农村金融服务体系，对农民和农业生产经营组织的农业生产经营活动提供信贷支持；建立和完善农业保险制度；建立符合世贸组织规则的农业保护机制。

《农业法》规定：县级以上人民政府农业行政主管部门及其他有关部门应当建立农业信息搜集、整理和发布制度，及时向农民和农业生产经营组织提供市场信息等服务。县级以上政府及其各有关部门应当采取措施对个人和组织发展多种形式的农业生产产前、产中、产后的农业社会化服务事业给予支持。农村信用合作社应当坚持为"三农"发展服务的宗旨，优先为当地农民的生产经营活动提供贷款。鼓励和扶持农民和农业生产经营组织建立为农业生产经营活动服务的互助合作保险组织，鼓励商业性保险公司开展农业保险业务。各级人民政府应当采取措施，提高农业防御自然灾害的能力，做好防灾、抗灾和救灾工作，组织生产自救，组织社会互助互济，帮助灾民恢复生产。

《农业法》规定：县级以上人民政府应当逐步增加农业科技经费和农业教育经费；应当鼓励、吸引企业等社会力量增加农工业科技投入，鼓励农民、农业生产经营组织、企业事业单位等依法举办农业科技、教育事业；应当稳定和加强农业技术推广队伍，保障农业技术推广机构的工作经费；应当支持农民举办各种科技组织，开展农业实用技术培训、农民绿色证书培训和其他就业培训，提高农民的文化技术素质。

《农业法》确立了保护和改善生态环境的目标；对土地资源的利用保护做了进一步规定，明确了各级人民政府的职责和任务；明确了各级人民政府在预防和治理水土流失、土地沙化方面的责任；明确了各级人民政府在保护林地、草原、水域及野生动物资源等方面的责任；确立了国家对退耕农民、转业渔民提供补助制度。

《农业法》围绕保护农民和农业生产经营组织的财产及其他合法权益，进行了法律规定：农民和农业生产经营组织有权拒绝乱收乱罚、非法摊派及集资，禁止强行以资代劳；保护农民的土地承包权，国家依法征收农民集体所有的土地，应当依法给予农民和农村集体经济组织征地补偿；单位和个人向农民或者农业生产经营组织提供生产、技术、信息、文化、保险等有偿服务，必须坚持农民自愿原则，不得强迫；农产品收购单位在收购农产品时，不得压级压价，不得在支付的价款中非法扣缴任何费用；当农民的权益受到侵犯时，为农民提供法律援助。

第二节 中华人民共和国乡村振兴促进法

2021年4月29日，十三届全国人大常委会第二十八次会议表决通过《中华人民共和国乡村振兴促进法》（简称《乡村振兴促进法》），于2021年6月1日起施行。

一、《乡村振兴促进法》出台的意义

实施乡村振兴战略,是新时代做好"三农"工作的总抓手。制定《乡村振兴促进法》,是贯彻落实党中央决策部署,保障乡村振兴战略全面实施的重要举措,是立足新发展阶段,推动实现"两个一百年"奋斗目标的重要支撑,是充分总结"三农"法治实践,完善和发展中国特色"三农"法律体系的重要成果。

制定出台《乡村振兴促进法》,为全面实施乡村振兴战略提供有力法治保障,对于促进农业全面升级、农村全面进步、农民全面发展,全面建设社会主义现代化国家,实现中华民族伟大复兴中国梦,具有重要意义。

二、《乡村振兴促进法》的主要特点和亮点

制定《乡村振兴促进法》,其主要特点是坚持走中国特色社会主义乡村振兴道路,坚持乡村全面振兴,坚持农业农村优先发展,坚持城乡融合发展等。尤其是坚持农民主体地位,将维护农民主体地位、尊重农民意愿、保障农民合法权益摆在突出位置、贯穿法律始终,充分调动农民的积极性、主动性、创造性,真正使农民成为乡村振兴的参与者、支持者和受益者。

三、《乡村振兴促进法》在坚持农民主体地位方面的体现

实施乡村振兴战略是一篇大文章,要充分尊重广大农民意愿,调动广大农民积极性、主动性、创造性,把广大农民对美好生活的向往化为推动乡村振兴的动力,把维护广大农民根本利益、促进广大农民共同富裕作为出发点和落脚点。制定《乡村振兴促进法》,坚持以人民为中心的思想,将坚持农民主体地位、维护农民根本利益作为基本遵循。

在乡村治理方面,明确完善农村基层群众自治制度,健全村民委员会民主决策机制和村务公开制度等。在乡村建设方面,加强农村住房建设管理和服务,严格禁止违法占用耕地建房等。

此外,在社会保障方面完善城乡统筹的社会保障制度,加强对农村留守儿童、妇女和老年人以及残疾人、困境儿童的关爱服务等。在促进产业发展和农民增收方面,规定了发展壮大集体经济、促进乡村产业发展的一系列举措。在公共服务方面,提出了实现基本公共服务均等化的明确要求。

四、法律中对乡村建设行动的要求

乡村建设行动既是实施乡村振兴战略的重要任务,也是国家现代化建设的重要内容。《乡村振兴促进法》主要从4个方面作出了规定:

一是规划引领。明确要坚持因地制宜、规划先行、循序渐进,顺应村庄发展规律,按照方便群众生产生活、保持乡村功能和特色的原则,因地制宜安排村庄布局,依法编制村庄规划,分类有序推进村庄建设。同时,针对个别地方合村并居中损害农民利益的现象,规定要严格规范村庄撤并,严禁违背农民意愿、违反法定程序撤并村庄。

二是建强硬件。要求地方政府统筹规划、建设、管护城乡道路、垃圾污水处理、

消防减灾等公共基础设施和新型基础设施，推动城乡基础设施互联互通；综合整治农村水系，治理农村垃圾和污水，推广卫生厕所，持续改善农村人居环境。

三是抓好软件。要求发展农村社会事业，促进公共教育、医疗卫生、社会保障等资源向农村倾斜等措施，逐步健全全民覆盖、普惠共享、城乡一体的基本公共服务体系。

四是保护传统村落。法律要求地方政府应当加强对历史文化名城名镇名村、传统村落和乡村风貌、少数民族特色村寨的保护等，为乡村传统村落和文化的保护提供法治保障。

五、农业农村部门如何推动其落地实施

《乡村振兴促进法》是全面推进乡村振兴的法律保障。农业农村部将依照法律规定的职能职责，结合制定农业农村发展"十四五"规划，加强政策顶层设计，建立健全配套制度，细化实化各项任务。

《乡村振兴促进法》还以法律的形式确定每年农历春分日为中国农民丰收节，以法律公布实施为契机，通过中国农民丰收节系列活动，加大宣传力度，在全社会营造依法推进乡村全面振兴的良好氛围。

此外，各级人民政府应当将乡村振兴促进工作纳入国民经济和社会发展规划，并建立乡村振兴考核评价制度、工作年度报告制度和监督检查制度，推动建立客观反映乡村振兴进展的指标和统计体系，层层压实责任，级级传导压力。

第三节 农业农村土地相关法律

一、中华人民共和国土地管理法

（一）土地管理立法基本情况

改革开放初期，针对我国人多地少、人地矛盾突出的情况，依法管地显得尤为重要。为此，1986年6月25日，第六届人大常委会第十六次会议通过了《中华人民共和国土地管理法》，用以解决乱占耕地、滥用土地的问题。该法于1987年1月1日实施，它的制定实施，是我国土地政策的一大飞跃，也是土地管理事业的一个里程碑。

随后，国家先后制定了《土地管理法实施条例》《城镇国有土地使用权出让转让暂行条例》等7个土地管理的行政法规。制定了《土地违法案件处理暂行办法》等14个部门规章，形成了我国土地管理的法律体系，有力地推进了我国的经济体制改革，促进了市场经济体系的建设。

随着经济体制改革的进一步深化，仍有计划经济体制烙印的《土地管理法》逐渐显露出它的历史局限性和不适用性。全国普遍兴起"开发区热""房地产热"，乱占、滥用土地，耕地急剧减少的情况，引起了党中央、国务院的高度重视，由此重新修订了《土地管理法》，并于1998年8月29日第九届全国人大常委会第四次会议顺利通过，于1999年1月1日实施。

2004年8月28日第十届全国人大常委会第十一次会议通过了《关于修改〈中华人民共和国土地管理法〉的决定》,增加了土地征收征用的制度。

(二) 新修订的《土地管理法》的特点及主要内容

新修订的《土地管理法》的核心是保护耕地,重点是推行土地用途管制制度。即通过对土地管理和利用方式进行重大改革,变分级限额审批制为土地用途管制,上收土地利用总体规划审批权,上收新增建设用地特别是耕地的审批权。

1. 土地基本制度

(1) 在法律上规定:全民所有的土地即国有土地的所有权由国务院代表国家行使,国土资源部代表国务院统一负责全国土地的管理和监督工作。

(2) 国家公共利益需要可以依法征收农民集体所有的土地。《土地管理法》第二条赋予了国家对农村集体土地的征收权,确立了土地征收制度,这是为了保证社会经济建设、公共事业或者公益事业发展对土地的需要,将集体土地转为国有并使其合法化。

(3) 国家实行国有土地有偿使用制度。它是指国家将国有土地使用权在一定年限内出让给土地使用者,由土地使用者向国家支付土地使用权出让金。

《土地管理法》规定,除国家机关用地和军事用地,城市基础设施用地和公益事业用地,国家重点扶持的能源、交通、水利等基础设施,法律、法规规定的其他用地(如经济适用房、廉租房建设用地等),可以依法划拨外,其他建设用地一律实行有偿使用。

2. 土地用途管制制度

《土地管理法》第四条规定,国家实行土地用途管制制度。实行这种制度的目的,就是通过土地利用规划确定的土地用途合理使用土地,其核心就是依据土地利用总体规划对土地用途转变实行严格控制。

3. 耕地保护制度

(1) 严格控制耕地转为非耕地。我国耕地数量有限,而且可以开垦的土地又少。为保证我国耕地总量不减少,实行动态平衡制度。一方面就是严格控制耕地转为非耕地的数量,另一方面就是开垦补充耕地。

《土地管理法》规定:

①禁止占用耕地建窑、建坟,或擅自在耕地上建房、挖沙、取土、采石、采矿等;

②禁止占用基本农田发展林果业和挖塘养鱼;

③禁止任何单位和个人闲置撂荒耕地;

④耕地保有量不得低于上一级土地利用总体规划确定的控制指标;

⑤未经依法批准,不得改变土地利用总体规划确定的土地用途。

(2) 严格实行建设用地占用耕地补偿制度。按照占用多少耕地,必须开垦补回多少耕地的原则,由用地单位负责开垦,没有条件开垦的或开垦不符合要求的,按规定缴纳耕地开垦费。耕地开垦费按照该土地的年产值的 8~10 倍计算。

(3) 禁止闲置、荒芜耕地的行为

①经批准之日起,一年内不用,而又可以耕种收获的,由原耕种该幅耕地的集体

或个人恢复耕种；

②经批准之日起，一年以上未动工建设的，按照每平方米10元或该土地出让金总额20%的比例征收土地闲置费；

③二年内未动工建设的，由原批准供地机关依法无偿收回该土地使用权。

4. 建设用地审批制度

修改后的《土地管理法》取消了原土地管理法分级审批征地的规定，建设需要征收农民集体土地的审批权上收至国务院和省政府。市级以下人民政府无权审批新征收土地。

（1）存量建设用地内的具体建设项目用地，由县级以上人民政府批准。

（2）基本农田、基本农田以外的耕地在35公顷以上，其他土地70公顷以上的，由国务院批准。

（3）国务院批准以外的农转用和征地由省级人民政府批准。

5. 国有建设用地的取得

《土地管理法》第四十三条规定，"任何单位和个人进行建设需要使用土地的，必须依法申请使用国有土地"。但是除法律另有规定的除外。国有建设用地的取得包括以下方面。

（1）申请。经批准的建设项目需要使用国有建设用地的，建设单位持法律、法规规定的有关文件，向县级以上人民政府土地行政主管部门提出用地申请，经土管部门审查后报本级人民政府批准。

（2）取得方式

①无偿划拨取得，是指土地使用者在没有缴纳土地出让金的情况下，由政府通过行政划拨而取得该土地使用权。按照《土地管理法》第五十四条的规定：国家机关用地和军事用地，城市基础设施用地和公益事业用地，国家重点扶持交通、能源、水利等基础设施用地，法律、法规规定的其他用地，经县级以上人民政府依法批准，可以划拨方式取得。

②有偿取得，是指土地使用者通过向国家缴纳土地有偿使用费（出让金）取得该土地使用权。包括：土地使用权出让；土地使用权作价入股；土地使用权出租等具体方式。

（3）经营性用地、工业用地必须在不低于市场评估价的基础上，一律采用招标拍卖挂牌方式公开出让，不得以招商引资以地抵资等方式协议出让。

6. 农村集体建设用地

农村集体建设用地，指属于农民集体所有的用于建造建筑物、构筑物的土地。

（1）使用农村集体建设用地的条件。《土地管理法》第五十九条规定，使用农村集体建设用地，必须具备以下条件：

①必须是乡（镇）企业，乡（镇）、村公益事业，公共设施，农村村民住宅；

②必须符合乡（镇）土地利用总体规划和土地利用年度计划；

③必须依法办理审批手续，报所在地的县级人民政府批准；

④涉及占用农用地的，必须依法办理农转用审批手续。

(2) 关于农民集体土地的有关规定

①农民集体所有的土地的使用权不得出让、转让或者出租用于非农业建设。但是，符合土地利用总体规划并依法取得建设用地的企业，因破产、兼并等情形致使土地使用权发生转移的除外；

②土地利用总体规划制定前已建的但不符合现土地利用总体规划的建筑物、构筑物，不得再重建、扩建。

二、中华人民共和国农村土地承包法

《全国人民代表大会常务委员会关于修改〈中华人民共和国农村土地承包法〉的决定》已由中华人民共和国第十三届全国人民代表大会常务委员会第七次会议于2018年12月29日通过，自2019年1月1日起开始施行。

(一) 确立"三权分置"

所谓三权为土地集体所有权与土地承包权、土地经营权，是承包地处于流转状态的一组权利。"三权分置"是继家庭联产承包责任制后农村改革又一重大制度创新。修改后的《农村土地承包法》明确了土地经营权人的权利不受侵犯。

(二) 稳定农村土地承包关系并长久不变

为了给予土地承包权主体稳定的土地承包经营预期，修改后的《农村土地承包法》规定耕地、草地、林地承包期满后可再延长30~50年。

(三) 关于土地经营权流转和融资担保

修改后的《农村土地承包法》规定，土地经营权可以依法采取出租（转包）、入股或者其他方式流转，但应经承包方书面同意，并向本集体经济组织备案。

关于土地经营权的融资担保。修改后的《农村土地承包法》规定，承包方可以用承包地的土地经营权向金融机构融资担保，并向发包方备案。受让方通过流转取得的土地经营权，经承包方书面同意并向发包方备案，可以向金融机构融资担保。

(四) 承包方对土地经营权流转合同的单方解除权

修改后的《农村土地承包法》规定，受让方出现下列情形之一的：（一）擅自改变土地的农业用途；（二）弃耕抛荒连续两年以上；（三）给土地造成严重损害或者严重破坏土地生态环境；（四）其他严重违约行为，承包方可以单方解除土地经营权流转合同。

(五) 维护进城务工和落户农民的土地承包权益

党的十八届五中全会决定提出，维护进城落户农民土地承包权、宅基地使用权、集体收益分配权，支持引导其依法自愿有偿转让上述权益。为此，修改后的《农村土地承包法》删除了原法律关于承包方全家迁入设区的市，转为非农业户口的，应将承包地交回发包方的规定。明确国家保护进城农户的土地承包经营权。不得以退出土地承包经营权作为农户进城落户的条件。承包期内，承包农户进城落户的，引导支持其按照自愿有偿原则依法在本集体经济组织内转让土地承包经营权或者将承包地交回发包方,也可以鼓励其流转土地经营权。

(六)明确农户内家庭成员依法平等享有承包土地的各项权益

修改后的《农村土地承包法》规定,土地承包经营权证或者林权证等证书应当将具有土地承包经营权的全部家庭成员列入。进一步明确农户内家庭成员依法平等享有承包土地的各项权益。

三、中华人民共和国农村土地承包经营纠纷调解仲裁法

《中华人民共和国农村土地承包经营纠纷调解仲裁法》是为了公正、及时解决农村土地承包经营纠纷,维护当事人的合法权益,促进农村经济发展和社会稳定而制定的法规,经十一届全国人大常委会第九次会议表决通过,于2010年1月1日起施行。

该法律对农村土地承包经营纠纷调解仲裁的范围;农村土地承包经营纠纷;当事人如何申请农村土地承包经营纠纷调解;当事人调解不成后,如何申请农村土地承包经营纠纷仲裁;如何知道自己提起的仲裁申请是否得到受理;申请土地仲裁要符合哪些条件;申请农村土地承包经营纠纷仲裁的时间规定;仲裁开庭如何进行;当事人申请仲裁后,能否自行和解或放弃;被申请人是否要提交答辩书;土地仲裁时限;当事人不服仲裁裁决怎么办等都有详细说明。

第四节 农业农村发展相关法律

一、中华人民共和国城乡规划法

《中华人民共和国城乡规划法》(简称《城乡规划法》)的重要内容可概括为10个方面:第一,突出城乡规划的公共政策属性。《城乡规划法》明确提出:为了加强城乡规划管理,协调城乡空间布局,改善人居环境,促进城乡经济社会全面、协调、可持续发展,制定本法。从内容上看,重视资源节约、环境保护、文化与自然遗产保护;促进公共财政首先投到基础设施、公共设施项目;强调城乡规划制定、实施全过程的公众参与;保证公平,明确了有关赔偿或补偿责任。第二,强调城乡规划综合调控的地位和作用。《城乡规划法》指出:"任何单位和个人都应当遵守依法批准并公布的城乡规划,服从规划管理"。这就从法律上明确,城乡规划是政府引导和调控城乡建设和发展的一项重要公共政策,是具有法定地位的发展蓝图。同时,法律适用范围扩大,强调城乡统筹、区域统筹;确立先规划后建设的原则;"三规合一"是规划未来发展的必然趋势。第三,新的城乡规划体系的建立。体现了一级政府、一级规划、一级事权的规划编制要求;明确规划的强制性内容;突出近期建设规划的地位;强调规划编制责任。第四,严格城乡规划修改程序。对城乡规划评估,修改省域城镇体系规划、城市总体规划、镇总体规划,修改详细规划等,都做出了详细的规定。第五,城乡规划行政许可制度的完善。建立完善了针对土地有偿使用制度和投资体制改革的建设用地规划管理制度;规定了各项城乡规划的行政许可。第六,对行政权力的监督制约。明确了上级行政部门的监督、人民代表大会的监督以及全社会的公众监督。第七,对城

乡规划编制单位提出了新的要求。对城乡规划编制单位的资质管理，对规划师职业的管理，都有明确规定。第八，加强人民代表大会的监督作用。省域城镇体系规划、城市和县城关镇总体规划由本级人大常委会审议，镇总体规划由人大审议。城市控制性详细规划报本级人大常委会备案，县城关镇控制性详细规划报县人大常委会备案。省域城镇体系规划、城市和镇总体规划定期评估须向人大报告。第九，强化法律责任。追究政府和行政人员的责任；追究城乡规划编制单位的责任；追究违法建设行为的责任；明确对违法行为给予罚款的范围和数额；授予市政府强制拆除权。第十，法律授权。建立完善的城乡规划法律体系。

二、中华人民共和国乡镇企业法

《中华人民共和国乡镇企业法》是为了扶持和引导乡镇企业持续健康发展，保护乡镇企业的合法权益等而制定的。

《中华人民共和国乡镇企业法》于 1996 年 10 月 29 日由第八届全国人民代表大会常务委员会第二十二次会议通过，自 1997 年 1 月 1 日起施行。共 43 条，主要规定了该法的立法宗旨和适用范围、乡镇企业的任务和发展原则、国家对乡镇企业发展的基本方针、乡镇企业的权益保护、政府对乡镇企业发展的一般鼓励政策和税收优惠政策、乡镇企业发展基金的设立与使用、土地及其他资源的利用、乡镇企业的义务和法律责任等。

三、中华人民共和国村民委员会组织法

《中华人民共和国村民委员会组织法》是于 1998 年 11 月 4 日第九届全国人民代表大会常务委员会第五次会议通过。2010 年 10 月 28 日第十一届全国人民代表大会常务委员会第十七次会议修订。一部牵涉 10 亿农民根本利益的重要法律。这对于发展社会主义民主，加强农村基层组织建设，密切党群和干群关系，促进农村物质文明、政治文明和精神文明建设，具有重要作用。该法对村民委员会的任务、民主选举、民主决策、民主监督及村务公开等内容进行了详细的规定。

四、中华人民共和国农民专业合作社法

《中华人民共和国农民专业合作社法》实施十年后，于 2017 年 12 月 27 日经十二届全国人大常委会第三十一次会议修订通过。新法突出了对农民专业合作社及其成员的保护，进一步规范了合作社的组织和行为，强化了对农民专业合作社发展的促进政策。新法更加强调对合作社中的农民成员利益保护，凸显了在现代农业发展中合作社对小农户的引领作用。新法在对合作社的规范和促进 2 个方面，有一系列重大的制度创新。

首先是合作社的规范发展问题。实践中，农民专业合作社发展的同时，出现了一些不规范现象，如一些合作社出现了少数人控制现象，小农户在合作社中的民主权利和经济利益得不到有效保护；一些合作社成员不履行章程规定的出资、交易等义务，损害了合作社整体利益。针对这些问题，新法从退出机制和治理结构 2 个方面进行了规定。一方面，新法增加了成员除名和合作社退出机制。在合作社的发展过程中，个

别成员违反章程规定,严重损害其他成员及合作社的整体利益时,合作社依据新法规定的除名制度,对这些成员予以除名,可以更好地体现合作社的凝聚力,以利于合作社的可持续发展。鉴于除名制度可能会导致一些合作社滥用除名权,剥夺成员本应享有的民主权利和经济利益,法律规定了严格的除名程序,并保护被除名成员获得救济的权利。在合作社发展实践中,也出现了"空壳"合作社的现象,损害了合作社在市场中的整体信誉。针对这一问题,新法的第七十一条规定,农民专业合作社连续两年未从事经营活动的,吊销其营业执照。另一方面,新法在重申设立成员代表大会需要满足成员总数超过 150 人的条件外,规定了成员代表大会的代表人数一般为成员总人数的百分之十,并明确最低人数为 51 人,以防止合作社以代表大会的名义剥夺成员对合作社治理的参与权利。

其次是促进合作社发展的制度建设问题。适应合作社十年发展中出现的一些新情况、新问题,新法设立了一系列有利于合作社发展的制度安排,为合作社提供了更加宽松的发展环境。

另外,新法还对农民专业合作社的对外投资,成员的盈余转出资,以及对国有农场等企业职工兴办农民专业合作社的法律适用等做出了规定。

新法的上述制度创新,为农民专业合作社的发展提供了更好的法律环境。但制度的实施还需要一系列配套法规、规章的完善,如农民专业合作社的注册登记制度、财务会计制度、税收优惠制度等,都需要尽快修订,以使新法规定的制度更具可操作性。

新法在进行制度创新的同时,保留了大量实践证明行之有效的法律规范。例如,新法在合作社的设立上,仍然体现低门槛、包容性的原则;仍然强调农民为主体的原则,并以一系列制度保障该原则的实现;继续坚持一人一票的民主管理原则,保护小农户在合作社中的民主权利;仍然体现惠顾额返还为主的盈余分配原则,并保障财政补助形成的财产的利益由全体成员均享等。

需要强调的是,农民专业合作社作为互助性经济组织,法律也为合作社的自治保留了空间。例如,合作社可以依法自主制定章程、自主设立组织机构、自主确定公积金的提取和使用、自主决定盈余分配的具体办法等。应当说,新法既体现了合作社的基本原则和特征,更突出了我国农民专业合作社发展的实际需要;既照顾合作社发展的阶段性特点,也体现了一定的前瞻性;既突出了合作社作为市场主体实现效率最大化的需求,更强调了对小农户的保护。新法的颁布实施,将会进一步促进对农民专业合作社的规范化和可持续发展,并有利于合作社在实施乡村振兴战略中发挥更大作用。

五、中华人民共和国农业机械化促进法

我国是农业大国,全面建设小康社会,难点在农村,重点是农民。实现农村的小康,推进农业机械化是重要手段之一。据统计,目前我国农村每户拥有农业机械原值为 1 300 元,主要农作物耕、种、收的综合机械化水平为 30%,仅相当于 20 世纪 50 年代法国的水平,仍处于农业机械化的初级阶段。提高我国农业机械化水平,应对加入世界贸易组织的挑战,任务还十分繁重。第十届全国人大常委会第十次会议于 2004 年 6 月 25 日表决通过的《中华人民共和国农业机械化促进法》(以下简称《农机法》),以农民和农业生产经营组织为主体,对他们使用农业机械采取了许多立法扶持措施。

这一法律无疑会更好地调动农民对农业机械化投入的积极性，从而加快我国农业机械化发展的步伐。

1. 国家支持引进先进技术

发展农业机械化，科研开发十分重要。没有科研开发成果就不会有先进适用、质量高的农业机械。目前，我国农业机械存在的主要问题之一就是工艺落后、可靠性差。对此，《农机法》规定：省级以上政府及有关行政主管部门应采取措施，促进基础性、关键性、公益性农业机械科学研究和先进适用的农业机械的推广应用；国家支持加强农业机械化科学技术研究，支持引进、利用先进的农业机械、关键零配件和技术等。

2. 禁止用报废机具拼装产品

目前，我国农业机械产品的质量问题较多，影响了机械作业的效率和质量，严重制约了农业机械化的发展。《农机法》对此做了有针对性的规定：国家加强农业机械化标准体系建设；农业机械质量不合格的，农业机械生产者、销售者应负责修理、更换、退货，给使用者造成农业生产损失或者其他损失的，应依法赔偿；因农业机械存在缺陷造成人身伤害、财产损失的，农业机械生产者、销售者应当依法赔偿；禁止利用残次零配件和报废机具的部件拼装农业机械产品等。

3. 鼓励农民合作使用农业机械

农业机械是重要的生产资料，在农民的生产投资中占有重要比例。为了推广使用先进适用的农业机械，提高机械使用效率，《农机法》规定：国家支持建立示范基地、示范点等形式，引导农民和农业生产经营组织使用先进适用的农业机械；公布国家支持推广的先进适用的农业机械产品目录；鼓励和支持农民合作使用农业机械等。

4. 支持农机跨区作业推广使用

先进适用的农业机械，离不开社会化服务。完善的农业机械化服务体系是保障农业机械化发展的必要条件。对此，《农机法》规定：农民、农业机械作业组织可以进行有偿的农业机械作业服务；各级人民政府及其有关部门应当支持农业机械跨行政区域作业并提供便利和服务；鼓励和扶持发展多种形式的农业机械服务组织，完善农业机械化服务体系；农业机械服务组织可以根据农民的需要，提供培训、维修、信息等社会化服务；国家设立的基层农业机械技术推广机构应当为农民和农业生产经营组织无偿提供公益性农业技术推广、培训等服务。

5. 对购买农机者给予补助

多年来，中央和地方各级人民政府制定了一系列促进农业机械化发展的扶持政策和措施，极大地调动了农民和农业生产经营组织使用农业机械的积极性，有力地促进了农业机械化事业的发展。把这些行之有效的政策措施通过法律的形式加以肯定，是《农机法》的重要内容。《农机法》规定：国家采取措施支持农业机械生产者增加研究开发投入，对农业机械的科研开发和制造实施税收优惠；对农民和农业生产经营组织购买国家支持推广的先进适用的农业机械给予直接补贴或贴息补助；从事农业机械生产作业服务的收入，按照国家规定给予税收优惠，并对农业机械的农业生产作业用燃油安排财政补贴；加强农业机械化基础设施的建设和维护；县级以上地方政府主管农业机械化工作的部门应当为农民和农业生产经营组织免费提供信息服务。

六、中华人民共和国农业技术推广法

（一）修改后的《农业技术推广法》的基本框架

修改后的法律共六章39条，与原法比：专门增加法律责任一章；增加条款10个，其中，纯新增条款9条（12、13、25、26、27、32、34、35、38），调整增加3条（16、36、37）；修改24条；未修改的3条（原法6、原法8、现法39）。

（二）七个方面的突破

一是明确了国家农技推广机构的定性和定位。将国家农技推广机构定性为公共服务机构，规定国家农技推广机构的基本定位是履行7项公益性推广职责，解决了长期制约国家农技推广机构发展的公益性与经营性不清问题。

二是首次提出乡镇国家农技推广机构可以实行县级农业技术推广部门管理为主或者乡镇人民政府管理为主、县级农业技术推广部门业务指导的体制，具体由省、自治区、直辖市人民政府确定。

三是首次对国家农技推广机构的人员编制核定及岗位设置提出明确要求。规定国家农技推广机构的人员编制应当根据所服务区域的种养规模、服务范围和工作任务等合理确定。国家农技推广机构的岗位设置应当以专业技术岗位为主，乡镇国家农技推广机构的岗位应当全部为专业技术岗位。

四是强化了农业技术推广经费保障。规定国家逐步提高对农业技术推广的投入。各级人民政府在财政预算内应当保障用于农业技术推广的资金，并按规定使该资金逐年增长，规定县、乡镇国家农技推广机构的工作经费根据当地服务规模和绩效确定，由各级财政共同承担。规定各级人民政府应当采取措施，保障国家农技推广机构获得必需的试验示范场所、办公场所、推广和培训设施设备等工作条件。

五是对国家农技推广机构的考核考评提出明确要求。规定建立国家农技推广机构的专业技术人员工作责任制度和考评制度，明确了不同管理方式下乡镇国家农技推广机构的考评机制。

六是规定国家鼓励和支持村农业技术服务站点和农民技术人员开展农业技术推广。对农民技术人员协助开展公益性农业技术推广活动，按照规定给予补助。

七是专门增加了"法律责任"一章，共有5个条款，明确农业技术推广的有关法律责任。

第五节　环境与资源保护相关法律

一、中华人民共和国土壤污染防治法

2018年8月31日，第十三届全国人大常委会第五次会议表决通过了《中华人民共和国土壤污染防治法》（以下简称《土壤污染防治法》），自2019年1月1日起施行。《土壤污染防治法》是我国首次制定土壤污染防治的专门法律，填补了我国污染防治立

法的空白，完善了我国生态环境保护、污染防治的法律制度体系。该法就土壤污染防治的基本原则、土壤污染防治基本制度、预防保护、管控和修复、经济措施、监督检查和法律责任等重要内容做出了明确规定。《土壤污染防治法》涉及的重点内容包括：落实土壤污染防治的政府责任；在"谁污染，谁治理"基本原则的基础上，通过理顺土壤污染风险管控和修复过程中相关主体的责任、强化污染者责任，促使土壤污染防治追责主体更加明确；建立土壤污染状况普查和监测制度；建立土壤有毒有害物质的防控制度；建立土壤污染的风险管控和修复制度；建立土壤污染防治基金制度等。

二、中华人民共和国水污染防治法

十二届全国人大常委会第二十八次会议表决通过新修改的《中华人民共和国水污染防治法》（简称《水污染防治法》），新版水污染防治法增加了关于实行河长制的规定，加强对违法行为的惩治力度等，为解决比较突出的水污染问题和水生态恶化问题提供了强有力的法律武器，该法自2018年1月1日起施行。

（一）建立河长制

新水污染防治法将地方实践数年的河长制写进第一章总则第五条：省、市、县、乡建立河长制，分级分段组织领导本行政区域内江河、湖泊的水资源保护、水域岸线管理、水污染防治、水环境治理等工作。

河长制是河湖管理工作的一项制度创新，河长制被写入法律有利于强化党政领导对水污染防治和水环境治理的责任。从实践效果来看，河长制在各地施行成果显著，党政领导的个人责任也将被纳入考核中。

（二）实施排污许可制度

新《水污染防治法》还修改了国家实行排污许可制度的相关规定，第二十一条明确表明排污单位所获取的排污许可证上要明确水污染物种类、浓度、总量等内容。经过多年的地方实践，全国统一的排污许可证申领和发放行动终于有条不紊地展开了，拉开"一证式"监管序幕。排污许可证制度旨在约束企业无偿排污行为，在全面推广之际就迎来《水污染防治法》的修改，可谓是双管齐下，从顶层设计方面实现对接。这是进一步规范我国工业污水排放标准的举措，也是根据水污染治理工作进度作出的政策调整，完善法律体系。

（三）加大处罚力度

例如，根据新《水污染防治法》第八十三条，不正常运行水污染防治设施等逃避监管的方式排放水污染物的、超标超总量排放水污染物的，责令改正或者责令限制生产、停产整治；并处十万元以上一百万元以下的罚款；情节严重的，报经有批准权的人民政府批准，责令停业、关闭，与旧法"责令限期改正，处应缴纳排污费数额一倍以上三倍以下的罚款""责令限期治理，处应缴纳排污费数额二倍以上五倍以下的罚款"的条款相比，处罚力度大大加强了。

（四）逐步向水环境综合治理靠拢

从河长制的确立到建立联防联控机制，我国环境治理的大方向正朝着综合防治转变。新《水污染防治法》添加了构建流域水环境保护联合协调机制要求，实行四个"统一"措施，即统一规划、统一标准、统一监测、统一防治（第二十八条）。另外，新《水污染防治法》还增添了相关部门展开流域环境资源承载能力监测、评价要求，旨在维护流域生态环境功能（第二十九条）。

三、中华人民共和国固体废物污染环境防治法

2020年4月29日，十三届全国人大常委会第十七次会议审议通过了修订后的《中华人民共和国固体废物污染环境防治法》（以下简称《固废法》），并于2020年9月1日起开始施行。《固废法》对防治固体废物污染环境、保障公共健康、维护生态安全发挥了重要作用。

但随着我国经济社会快速发展，各类固体废物产生量急剧增长，过去的制度规定难以适应当前新形势新任务。此次修订对法律条文进行了较大幅度的修改，进一步增加了制度规范的针对性和可操作性。增加了建筑垃圾、农业固体废物和保障措施等专章。完善了对工业固体废物、农业固体废物、生活垃圾、建筑垃圾、危险废物等的污染防治制度。特别针对当前抗击新冠肺炎疫情过程中产生的医疗废物，提出了与时俱进的管理制度，如：应对疫情加强医疗废物监管；逐步实现固体废物零进口；加强生活垃圾分类管理；限制一次性塑料制品；推进建筑垃圾污染防治；完善危险废物监管制度；取消固废防治设施验收许可；明确生产者责任延伸制度；推行全方位保障措施；实施最严格法律责任。

四、中华人民共和国野生动物保护法

水生野生动物是水域生态环境的重要组成部分，保护水生野生动物，拯救珍贵、濒危水生野生动物，对维护水生生物多样性和生态平衡，推进生态文明建设有着深远意义。

2017年1月1日起施行的新《中华人民共和国野生动物保护法》，在水生野生动物管理的体制、制度、措施等方面进行了重要调整，强化了主体责任，加大了处罚力度，顺应了行政体制改革和行业发展要求，标志着我国水生野生动物保护管理工作进入了新的发展阶段。

（一）加强野生动物自然种群保护力度

1. 加强野生动物栖息地保护

增加了保护有重要生态价值的野生动物、发布野生动物重要栖息地名录、防治规划和建设项目破坏野生动物栖息地的规定；细化了对野生动物及其栖息地的调查、监测和评估制度。

2. 国家重点保护野生动物名录调整

明确对国家重点保护的野生动物名录定期评估、调整和公布。

（二）加强人工繁育管理

新法明确对人工繁育国家重点保护野生动物实行许可制度；规定人工繁育国家重

点保护野生动物的,应当根据野生动物习性确保其具有必要的活动空间和生息繁衍、卫生健康条件,具备与其繁育目的、种类、发展规模相适应的场所、设施、技术和资金,并符合有关技术标准,不得虐待野生动物。

(三) 强化执法,加大惩处力度

针对现行法律对部分违法行为责任追究不明确、处罚力度太小的问题,修订草案增加了禁止性规定及相应的法律责任,具体规定了罚款额度,增加并细化了有关政府责任的条款内容,加重了执法人员责任。

(四) 保障野生动物保护资金

新法规定各级人民政府应当加强对野生动物及其栖息地的保护,制定规划和措施,并将野生动物保护经费纳入预算;对因保护野生动物造成的损害,规定由当地人民政府给予补偿或者实行相关政策性保险制度,中央财政予以相应补助,明确了中央政府相应的财政支出责任。

第六节 农业安全相关的法律

一、中华人民共和国农产品质量安全法

2022年9月2日,十三届全国人大常委会第三十六次会议全票赞成的表决结果通过了新修订的《中华人民共和国农产品质量安全法》,于2023年1月1日起施行。修订后的农产品质量安全法贯彻落实党中央决策部署,按照"四个最严"的要求,完善农产品质量安全监督管理制度,回应社会关切,做好与食品安全法律的衔接,实现从田间地头到百姓餐桌的全过程、全链条监管,进一步强化农产品质量安全法治保障。新修订的农产品质量安全法共八章八十一条,比原法新增了二十五条,进一步明确了各级人民政府、有关部门和各类主体法律责任,优化完善农产品质量安全风险管理与标准制定,建立健全产地环境管控、承诺达标合格证、农产品追溯、责任约谈等管理制度,并加大了对违法行为的处罚力度。修改的主要内容:压实农产品质量安全各方责任;强化农产品质量安全风险管理和标准制定、实施;完善农产品生产经营全过程管控措施;增强农产品质量安全监督管理的实效;加大对违法行为的处罚力度。

二、中华人民共和国食品安全法[*]

2014年5月14日,国务院常务会议讨论通过《食品安全法》(修订草案),并重点完善了4个方面:一是对生产、销售、餐饮服务等各环节实施最严格的全过程管理,强化生产经营者主体责任,完善追溯制度。二是建立最严格的监管处罚制度。对违法行为加大处罚力度,构成犯罪的,依法严肃追究刑事责任。加重对地方政府负责人和监管人员的问责。三是健全风险监测、评估和食品安全标准等制度,增设责任约谈、风险分级管理等要求。四是建立有奖举报和责任保险制度,发挥消费者、行业协会、

---

[*] 简称《食品安全法》

媒体等监督作用，形成社会共治格局。同年 6 月 23 日，《食品安全法》（修订草案）被提交至全国人大常委会第九次会议一审。

2014 年 12 月 22 日，十二届全国人大常委会第十二次会议对《食品安全法》（修订草案）进行二审。二审修订时出现了 7 个方面的变化：一是增加了非食品生产经营者从事食品储存、运输和装卸的规定；二是明确将食用农产品市场流通写入食品安全法；三是增加生产经营转基因食品依法进行标识的规定和罚则；四是对食品中农药的使用做了规定；五是明确保健食品原料用量要求；六是增加媒体编造、散布虚假食品安全信息的法律责任；七是加重了对在食品中添加药品等违法行为的处罚力度。

2015 年 4 月，十二届全国人大常委会第十四次会议对《食品安全法》（修订草案）审议后表决通过。相比二审稿，《食品安全法》（修订草案）最后一次审议只是在较受争议的几个核心问题上做了修改，如对剧毒、高毒农药作出的进一步限制是，不得用于"蔬菜、瓜果、茶叶和中草药材"。同时增加规定：销售食用农产品的批发市场应当配备检验设备和人员，或者委托食品检验机构，对进场销售的食用农产品抽样检验；特殊医学用配方食品应当经国务院食品药品监督管理部门注册等。

新修订的《食品安全法》在总则中规定了食品安全工作要实行预防为主、风险管理、全程控制、社会共治的基本原则，要建立科学、严格的监管制度。该规定内容吸收了国际食品安全治理的新价值、新元素，不仅是《食品安全法》修订时遵循的理念，也是今后我国食品安全监管工作必须遵循的理念。

据国家食品药品监管总局有关负责人介绍，在预防为主方面，就是要强化食品生产经营过程和政府监管中的风险预防要求。为此，将食品召回对象由原来的"食品生产者发现其生产的食品不符合食品安全标准，应当立即停止生产，召回已经上市销售的食品"修改为"食品生产者发现其生产的食品不符合食品安全标准或者有证据证明可能危害人体健康的，应当立即停止生产，召回已经上市销售的食品"。在风险管理方面，提出了食品药品监管部门根据食品安全风险监测、风险评估结果和食品安全状况等，确定监管重点、方式和频次，实施风险分级管理。在全程控制方面，提出了国家要建立食品全程追溯制度。食品生产经营者要建立食品安全追溯体系，保证食品可追溯。在社会共治方面，强化了行业协会、消费者协会、新闻媒体、群众投诉举报等方面的规定。

三、中华人民共和国进出境动植物检疫法

《中华人民共和国进出境动植物检疫法》是为防止动物传染病，寄生虫病和植物危险性病、虫、杂草以及其他有害生物（以下简称病虫害）传入、传出国境，保护农、林、牧、渔业生产和人体健康，促进对外经济贸易的发展，制定的法律。《进出境动植物检疫法》共分八章五十条。

1991 年 10 月 30 日，第七届全国人民代表大会常务委员会第二十二次会议通过，自 1992 年 4 月 1 日起施行。

四、中华人民共和国畜牧法

日前，新修订的《中华人民共和国畜牧法》由第十三届全国人民代表大会常务委

员会第三十七次会议审议通过，自 2023 年 3 月 1 日起施行。

农业农村部畜牧兽医局和种业管理司相关负责人对记者表示，新修订的《中华人民共和国畜牧法》旨在规范畜牧业生产经营行为，保障畜禽产品供给和质量安全，保护和合理利用畜禽遗传资源，培育和推广畜禽优良品种，振兴畜禽种业，维护畜牧业生产经营者的合法权益，防范公共卫生风险，促进畜牧业高质量发展。

五、中华人民共和国动物防疫法

为了能更好地掌控动物的疫病，发展我国养殖业，促进我国经济的发展，1997 年我国人大颁布了《中华人民共和国动物防疫法》（下文简称《动物防疫法》）。虽然《动物防疫法》在促进我国养殖业发展中发挥了极大的作用，但是在执行的过程中也出现了不少问题，因此 2007 年重新修订了《动物防疫法》，这不仅适应了新时代的要求，解决了动物养殖中所遇见的问题，而且保障了我国公共卫生的安全，促进了社会稳定。

《动物防疫法》中分别从动物疫病的预防、控制和扑灭，动物疫情的报告、通报和公布，动物的诊疗，动物防疫的监督管理以及相关的法律责任等 5 个方面做出了细致的规定，从各个方面规范了动物防疫，保障了我国畜牧业的安全性，促进了我国养殖业的发展。

六、中华人民共和国渔业法

为了加强渔业资源的保护、增殖、开发和合理利用，发展人工养殖，保障渔业生产者的合法权益，促进渔业生产的发展，适应社会主义建设和人民生活的需要，特制定《中华人民共和国渔业法》。根据 2013 年 12 月 28 日第十二届全国人民代表大会常务委员会第六次会议《全国人民代表大会常务委员会关于修改〈中华人民共和国海洋环境保护法〉等七部法律的决定》第四次修正。《渔业法》共六章五十条。《渔业法》的出台修订，体现了国家对发展渔业的重视，它突出了渔业资源和渔业生态环境的保护，注重了渔业的科学管理，建立并完善了各项渔业管理制度，强化了法律责任，标志着我国依法治渔、依法兴渔又进入了一个崭新的阶段。该法律内容主要涉及积极鼓励和扶持养殖业发展；严格捕捞业管理；加强渔业资源的增殖和保护；强化了法律责任。

七、中华人民共和国种子法

2021 年 12 月 24 日，十三届全国人大常委会第三十二次会议通过了关于修改《中华人民共和国种子法》的决定，自 2022 年 3 月 1 日起施行。这是《中华人民共和国种子法》的第四次修订，以强化种业知识产权保护为重点，对于促进种业高质量发展，筑牢粮食安全和现代农业发展基础具有重要意义。

修订重点涉及：扩大植物新品种权的保护范围及保护环节；建立实质性派生品种制度；完善侵权处罚赔偿和行政处罚制度。

第十二章 农业农村行政法规

第一节 农业土地相关法规

一、土地调查条例

《土地调查条例》（以下简称《条例》）由中华人民共和国国务院于2008年2月7日公布。条例共分为总则、土地调查的内容和方法、土地调查的组织实施、调查成果处理和质量控制、调查成果公布和应用、表彰和处罚、附则等7章。旨在更科学、有效地组织实施土地调查，保障土地调查数据的真实性、准确性和及时性。

2008年2月7日中华人民共和国国务院令第518号公布，根据2016年2月6日《国务院关于修改部分行政法规的决定》第一次修订，根据2018年3月19日《国务院关于修改和废止部分行政法规的决定》第二次修订。

条例共分为总则、土地调查的内容和方法、土地调查的组织实施、调查成果处理和质量控制、调查成果公布和应用、表彰和处罚、附则等7章。旨在更科学、有效地组织实施土地调查，保障土地调查数据的真实性、准确性和及时性。

《条例》的修订，是为了在依法、规范的轨道上，顺利推进第三次全国土地调查工作。

土地调查是一项重大的国情国力调查，是查实查清土地资源的重要手段。开展第三次全国土地调查，目的是全面查清当前全国土地利用状况，掌握真实准确的土地基础数据，健全土地调查、监测和统计制度，强化土地资源信息社会化服务，满足经济社会发展和国土资源管理工作需要。

《条例》为保障土地调查数据真实所提供的法律武器十分有效。《条例》规定，"县级以上地方人民政府对本行政区域的土地调查成果质量负总责，主要负责人是第一责任人。"《条例》还规定，地方、部门、单位的负责人，如擅自修改调查资料、数据，或强令、授意土地调查人员篡改调查资料、数据或者编造虚假数据，或对拒绝、抵制篡改调查资料、数据或者编造虚假数据的土地调查人员打击报复的，要依法给予处分；构成犯罪的，依法追究刑事责任。《条例》对被调查单位和个人也明确了法律义务：凡拒绝或者阻挠土地调查人员依法进行调查，或提供虚假调查资料，或拒绝提供调查资料，或转移、隐匿、篡改、毁弃原始记录、土地登记簿等相关资料的，可以处5万元以下的罚款；构成违反治安管理行为的，由公安机关依法给予治安管理处罚；构成犯罪的，依法追究刑事责任。

二、基本农田保护条例

基本农田是耕地的一部分，而且主要是高产优质的那一部分耕地；是指按照一定时期人口和社会经济发展对农产品的需求，依据土地利用总体规划确定的不得占用的耕地。一般来说，划入基本农田保护区的耕地都是基本农田。该条例内容主要涉及：基本农田保护规划；划定基本农田保护区；基本农田占用审批；基本农田占补平衡；基本农田保护责任；基本农田监督检查制度。

第二节 农业农村发展相关行政法规

一、村庄和集镇规划建设管理条例

最新版村庄和集镇规划建设管理条例，是为了能够加强村庄和集镇的规划，改善村庄的生产、生活环境等，而设立的法规法条。其适用范围包括了改善村庄、集镇的生产、规划，促进经济发展和社会发展。村庄规划包括了配套服务的各项设施、确定了村庄的居住、公共设施、道路等有利于村庄的保障和需要。

二、全国农业普查条例

全国农业普查条例是为了科学有效地组织实施全国农业普查，保障农业普查数据的准确性和及时性而制定的。

2006年8月23日国务院令第473号公布，2006年8月23日起施行。

最新全国农业普查条例全文包括总则、农业普查的对象、范围和内容、农业普查的组织实施、数据处理和质量控制等共七章四十二条。

三、粮食流通管理条例

《粮食流通管理条例》已经于2004年5月19日国务院第50次常务会议通过，国务院令第407号公布，历经2013年、2016年、2021年三次修订，共六章节五十六条。新修订的《粮食流通管理条例》将从2021年4月15日起施行，最大的亮点就是按照党中央、国务院的要求，进一步保护种粮农民利益，调动粮食生产积极性。《粮食流通管理条例》明确将保护粮食生产者积极性作为立法目的之一，规定了一系列保护农民利益的措施。为保障市场供应、保护种粮农民利益，必要时可采取政策性购销措施，近些年国家一直对小麦和稻谷实行最低收购价政策；收购粮食应当执行国家粮食质量标准，按质论价，不得损害农民和其他粮食生产者的利益；收购粮食应当及时向售粮者支付售粮款，不得拖欠，不得接受任何组织或者个人的委托代扣、代缴任何税、费和其他款项；对侵害种粮农民利益的行为，设立了严格的法律责任。

四、农田水利条例

《农田水利条例》是为了加快农田水利发展，提高农业综合生产能力，保障国家粮食安全而制定的法规，2016年4月27日，《农田水利条例》由国务院第131次常务会议通过，自 2016 年 7 月 1 日起施行。该条例明确了农田水利工作的基本原则；建立了农田水利规划制度；强化了农田水利工程建设管理；完善了农田水利工程运行维护机制；规范了农田灌溉与排水管理；规定了保障扶持措施；针对有关违法行为设立了严格的法律责任。

第三节　农民权益保障相关法规

一、农业保险条例

《农业保险条例》是为规范农业保险活动，保护农业保险活动当事人的合法权益，提高农业生产抗风险能力，促进农业保险事业健康发展，根据《中华人民共和国保险法》《中华人民共和国农业法》等法律制定。由国务院于 2012 年 11 月 12 日发布，自 2013 年 3 月 1 日起施行。

农业保险（简称"农险"）是专为农业生产者在从事种植业、林业、畜牧业和渔业生产过程中，对遭受自然灾害、意外事故疫病、疾病等保险事故所造成的经济损失提供保障的一种保险。农业保险是市场经济国家扶持农业发展的通行做法。通过政策性农业保险，可以在世贸组织规则允许的范围内，代替直接补贴对我国农业实施合理有效的保护，减轻加入世贸组织带来的冲击，减少自然灾害对农业生产的影响，稳定农民收入，促进农业和农村经济的发展。在中国，农业保险又是解决"三农"问题的重要组成部分。

二、农民承担费用和劳务管理条例

农民承担费用和劳务管理条例是为了减轻农民负担，保护农民的合法权益，调动农民的生产积极性，促进农村经济持续稳定协调发展而制定的。1991 年 11 月 5 日国务院第 92 次常务会议通过，1991 年 12 月 7 日国务院令第 92 号发布施行。最新农民承担费用和劳务管理条例全文包括总则，村提留、乡统筹费、劳务的标准和使用范围，村提留、乡统筹费、劳务的提取和管理等共六章四十一条。

第四节　农业安全生产相关法规

农业安全生产直接关系人类的健康和安全。农产品安全生产是食品安全的前提和保障。在农业生产中，农药、兽药、化肥、饲料、添加剂、激素和抗生素等农业化学投入品的使用是保证农业丰收和农产品优质的重要手段。但是，片面地追求产量，不科学地使用农药、化肥、兽药、饲料和添加剂等农业化学投入品，就会严重污染食物，在威胁人类健康的同时还会造成严重的环境污染。我国在农业安全生产方面的法规有：《农业转基因生物安全管理条例》《中华人民共和国食品安全法实施条例》《中华人民共和国进出境动植物检疫法实施条例》《植物检疫条例》《农药管理条例》《农作物病虫害防治条例》《饲料和饲料添加剂管理条例》《乳品质量安全监督管理条例》《生猪屠宰管理条例》《病原微生物实验室生物安全管理条例》《重大动物疫情应急条例》

《兽药管理条例》《农业机械安全监督管理条例》。

第五节　可持续发展相关法规

人口、资源、环境问题以及经济社会发展问题是当今世界人们日益关注的四大问题。可持续发展作为谋求解决人口、资源、环境与经济的持续协调发展问题的唯一途径，已经成为世界各国的共识。我国在促进农业可持续发展方面的相关法规有《畜禽规模养殖污染防治条例》《中华人民共和国渔业法实施细则》《水产资源繁殖保护条例》《渔业资源增殖保护费征收使用办法》《中华人民共和国植物新品种保护条例》《中华人民共和国畜禽遗传资源进出境和对外合作研究利用审批办法》《土地复垦条例》《退耕还林条例》等。

参考文献

陈锡文，王国刚，孙炜琳，2017. 中国农业供给侧改革研究［M］. 北京：清华大学出版社.
樊文水，徐东森，唐伟尤，等，2019. 新时代乡村振兴之三农政策［M］. 北京：中国农业科学技术出版社.
何忠伟，曹暕，2022. 中国农业政策与法规［M］. 北京：中国财政经济出版社.
史安静，2020. 乡村振兴战略简明读本［M］. 北京：中国农业科学技术出版社.
吴秀敏，唐丹，2019. 农产品质量安全管理理论与实践［M］. 北京：科学出版社.
朱俊峰，2019. 农业经济基础［M］. 北京：国家开放大学出版社.